让学生自信地行走

——“学长制 · 家族式”校本成长课程探索

董梅◎主编

江蘇鳳凰教育出版社
Phoenix Education Publishing, Ltd

图书在版编目（CIP）数据

让学生自信地行走："学长制·家族式"校本成长课程探索／董梅主编. —南京：江苏凤凰教育出版社，2021.7（2023.11重印）

ISBN 978-7-5499-9325-3

Ⅰ.①让… Ⅱ.①董… Ⅲ.①自信心—素质教育—教学研究—中小学 Ⅳ.①G631

中国版本图书馆 CIP 数据核字（2021）第 105219 号

书　　名　让学生自信地行走——"学长制·家族式"校本成长课程探索
主　　编　董　梅
责任编辑　雷利军
出版发行　江苏凤凰教育出版社（南京市湖南路 1 号 A 楼　邮编 210009）
苏教网址　http：//www. 1088. com. cn
照　　排　北京世纪鸿文制版技术有限公司
印　　刷　唐山富达印务有限公司
厂　　址　唐山市芦台经济开发区农业总公司三社区
开　　本　787 毫米×1092 毫米　1/16
印　　张　13
字　　数　224 千字
版　　次　2021 年 7 月第 1 版
印　　次　2023 年11月第 2 次印刷
书　　号　ISBN 978-7-5499-9325-3
定　　价　68.00 元
网店网址　http：//jsfhjycbs. tmall. com
邮购电话　025-85406265，85400774　短信　02585420909
盗版举报　025-83658579

编委会

主　编： 董　梅

副主编： 李　娜　肖　南

编委会：（按姓氏拼音排序）

蔡亚妮　郭　翱　郭迎伟　李海燕　李　敏

李　芹　李沙沙　李珊珊　李　晓　李晓娜

刘晓文　罗　雷　庞春艳　滕学娟　王　丹

王惠丽　王　婷　王新新　王　选　王珍珍

殷庆明　尹　玥　于雪梅　张　敏　张松梅

张晓琳　张　瑜　周　洁　周宁宁

前　言

在生活中我们经常会遇到这样的情况：面对一个展现自我的绝佳机会，自己虽然也做了准备，但因为胆怯而临阵退缩，让机会白白溜走；遇到一个自我实现的大好时机，虽然也有清醒的判断，但因为患得患失而与其擦肩而过……机遇稍纵即逝，遗憾便在一念之间铸成，所以有些遗憾，源于心中缺少了那份“舍我其谁，所向披靡”的自信！

“毛遂自荐”这个故事之所以被人们广为传颂，其主要原因不在于赞扬了毛遂获得的成功，而在于故事折射出了自信的意义。正如爱默生所说“自信是成功的第一秘诀”，自信对于我们每一个人都是非常重要的。有自信，就会有希望、有动力、有意志、有坚守、有成功，自信的人总有一天会大放异彩……

自信是成功的基础。古往今来，但凡成功的人士都具有“自信”这一特质。因为建立在自我认知基础上的自信，可以促使人们从情感、意识、行为等方面接纳自己。虽然每个人都不是十全十美的，但都具备在某一方面获得成功的潜质。自信可以帮助我们发现自己的潜质，并激励自己去奋斗，以达到自我实现的目标。

自信能使人变得更勇敢。自信的人总能以轻松自然的生活状态面对复杂的情境和挑战。自信的人在困难面前相信自己的能力，会迎难而上；在挫折面前，坚信希望的力量，总会想办法绕过暗礁走向坦途，永葆大智大勇的气度。

自信能使人变得更果断。自信的人勇于担当，不会因事关重大而患得患失、优柔寡断，也不会因事不紧迫而消极敷衍、应付了事，总能够在清醒判断之下果断地做出负责任的行动，绝不会在碌碌无为中贻误发展时机。

自信能使人变得更谦虚。自信的人能够全面地认识自己，客观地对待自己，知道自己的优点不自负，意识到自身的缺点不自卑，看到他人的成功不妒忌，发现别人的不足不嘲讽，谦虚待人、合作进取，赢得他人尊重的同时，获得他人更多的帮助，从而使自己变得越来越强大。

自信能使人变得更坚强。自信可以激励人选择一些虽难走但收获更多的人生之路，并义无反顾地坚持下去。在奋斗的征程中，自信会激励着人们不断地克服困难、战胜挫折，即使身处逆境也不沉沦，在抗争的坚持中迎得转机，在勇敢的前行中做出惊人的业绩。

造物主赋予我们每个人无穷的力量，这种力量潜伏在我们的深层意识之中，使我们精神不朽、奋发图强、勇往直前。把自身潜能最大限度地开发出来，是对自己的人生负责，也是对社会的一种回报。这种力量便是人的自信力。拥有它，我们就可以化平庸为神奇、化渺小为伟大，完成很多意想不到的壮举，获得满满的成就感。

把问题转化到教育实践中来，我们该如何提升学生的自信力呢？心理学告诉我们：成长在被否定的环境中的孩子，他的自信是很难建立起来的。因为每一次的否定都是对其自信心的消磨，经常被否定的人多是不自信的人。同样，成长在被监督和被控制的环境中的孩子，他的自信也是难以建立起来的。因为他要看别人的脸色行事，长此以往，其自主意识、判断能力、选择能力便会越来越弱，自信心将无从谈起。因此，如何培养学生的自信力，自然成为学校、教师共同关注的问题。

本书以构建“学长制·家族式”管理为主线，以“学长制·家族式”校本成长课程为载体，以学段课程标准和《小学德育纲要》《中学德育大纲》要求为总目标，在具体教育目标上侧重于德性的养育、能力的生长和人生智慧的历练，在过程与方法上侧重于自治管理、活动体验、情境探究，在内容上侧重于补充必修课程难以涉及的环节和方面，从不同纬度服务和聚焦于立德树人这一根本要务，用策略、方法和行动，帮助学生建立能够支撑其可持续发展的强大自信力。

目　录

第一章 “学长制·家族式”管理的探索

一种管理新样态的创生，并非如清风徐来，一帆风顺，必然要经历阵痛才会诞生，经历风刀霜剑才能成功。潍坊高新金马公学自 2011 年成立至今，犹如金戈铁马，在逆境和羁绊中一路冲杀，在激烈的竞争中变道超越，在前进的道路上变革图存，实现了在齐鲁大地的教育坐标上由无名小卒到教育新星的转变。对于金马公学的一些重大改革和举措，仁者见仁、智者见智：在变革者眼里，她很前沿，被誉为“破冰之旅”；在世俗者心里，她很“另类”，被看作“冒险行动”；在前来参观的人们的脸上，写着惊讶和不可思议。金马公学是怎样将不可能变成可能的？许多专家考察了金马公学的“学长制·家族式”管理后，都啧啧称赞：“这是自治管理的一个新创举！”

一、“学长制·家族式”管理的缘起与创生

大凡清醒的教育者都会有一种教育智慧、教育敏感，能从教育的一片晴空中发现阴霾，能在司空见惯中发现异常，能在出现问题之后保持冷静，能在大家习以为常的现状中主动求变，这就是教育思想者、求变者独有的精神品格和智慧锋芒，也是追求卓越者、勇于担当者的思想境界和动力源泉。金马公学就有这样一批思想者和改革者，他们坚信改革和创新必胜，不断向人们习以为常和司空见惯的情况和问题发出叩问，以永不满足、追求卓越的信念不断向小富即安、守成现状的思想发起挑战。

（一）“保姆式”教育带来了什么

无数家长把孩子看作“小太阳”，天天围着“太阳”转。他们在孩子幼年时“抱着走”，学步时“扶着走”，夏天忧子热，冬天怕子寒，三餐送嘴边，只要好成绩，品行抛一边，使得孩子成长的空间在包办和庇护中被压缩到极限。而在传统的学校管理中，教师则成了“大保姆”，学生入校、早读、路队

有教师陪伴；课间、就餐有教师看管；学生犯错误，哪怕出一点儿格都会有教师进行无休止的说教。长期下来，许多教师身心疲惫，感叹幸福的教育生活对自己只是一种奢望。

家庭和学校的“保姆式”教育并未带来理想的效果，反而造成了孩子们的“后天不足、发育不良”。有的孩子出门分不清东西南北，乘车坐反方向的现象时有发生；有的孩子分不清韭菜和麦苗，四体不勤，五谷不分；有的孩子没有一点儿自理能力，衣来伸手、饭来张口成为他们生活的常态；有的孩子随意丢弃饭菜，浪费问题在他们看来是“小事一桩”；有的孩子花钱大手大脚，觉得那样是体面，不懂得体谅家长的难处；有的孩子自私任性，感情脆弱，遇到困难就退缩，碰到挫折就逃避，甚至以出走和轻生相要挟；有的孩子轻视规则，不讲纪律，我行我素，成为家庭、学校、社会的“刺头”；有的孩子心中无目标，做事无计划，遇事无主张，缺乏上进的动力……

古训说：“种瓜得瓜，种豆得豆。”家长和教师在孩子成长过程中的过度包办，挤压了孩子的成长空间；不给孩子犯错误的机会，家长和教师也就丧失了发现教育的时机。所谓的教育，也只能是凭成年人的想象和预设而行，教育因失去针对性而“不接地气”。我们的孩子如果连生活自主都做不到，谈何立身处世、安身立命？

（二）“他律式”教育带来了什么

许多教师对学生进行说教，无休止地重复着“你应该做什么，不应该做什么”。道德与法治课上让学生死记硬背知识和条文，思想德育、行为德育变成了“知识德育”“考试德育”。一些管理者对学生的管理偏重硬性约束，制订了各种各样的规矩，甚至对此进行“操练”。很多家长对孩子进行逼迫式教育，不准孩子看电视、上网、看小说，一味地强迫他们无休止地做习题、上补习班。

家庭和学校的这些教育行为带有明显的他律性和主观性，更多的是外在施压和硬性约束。孩子们被学习、被考试、被约束，不情愿、不“顺茬”、不自在，很容易产生厌倦情绪、恐惧和逆反心理。

人之成长，在很大程度上是“自由生长”，是投身实践时形成的情感体验、价值认同和心智升华。表面的、外在的、他律的东西很难转化为内在动力和活力。

（三）“管控式”教育带来了什么

前几年，出现了许多“雷人校规”，如刘海长过眉毛不准上课；学生在校外吃饭要罚款；除了艺术表演专业的学生外，女生一律留短发，男生一律留平头；男女同学平时距离不能小于50厘米，男女生不得同桌吃饭。还有更为滑稽的，就是刚开学要“微笑”，不笑就扣分！这样的校规反映出本应循循善诱的教育，被“围堵”和“武断”所取代，学生在高压面前是无奈和焦虑的。

在各种校规的管控下，走进中小学校园，目光所及无不“秩序井然”。可是，在校园里如此守规矩的学生，走向社会后反而变成了不讲秩序的群体。心理学家认为，一个行为重复21天就能形成习惯。可我们的学生在校园里接受排队训练成千上万次，为什么还有很多学生没有养成排队的习惯呢？学校的“雷人校规”，不仅没有得到学生的认同，反而是他们的痛恨之处。所以，在学校“训练有素”的学生一旦离开校园，很快就会“原形毕露”，这不得不说是教育的尴尬。

《道德经》指出：“人法地，地法天，天法道，道法自然。”学生在高压监督下成长，他们的行为受到控制、思想受到禁锢、好奇心遭到打压，创造的激情能不泯灭？难道我们要以违背规律、扭曲人性为代价，培养循规蹈矩、亦步亦趋、没有思想的“乖孩子”吗？

毋庸置疑，合理的校规作为学校的重要管理制度，在净化育人环境、规范学生行为、培养学生习惯、引导学生发展等方面具有积极意义。制订校规要充分考虑学生的年龄、阅历、性格特点、心理承受能力，顾及他们的感受。在指导上，要多一些尊重和理解，少一些围堵和惩罚；在表述上，要多一些建议和倡导，少一些不准和严禁；在内容上，要把触角从单纯的行为管束、学习要求延伸到思想、情感和爱好领域。对学生的天性和生活琐事少一些粗暴干涉，为他们营造生态化的成长环境。

金马公学践行“自主教育”理念，是以引进、嫁接国际文凭组织的PYP课程为发端的。经过考察论证，我们认为PYP课程的六大超学科主题（我们是谁、我们身处什么时空、我们如何表达自己、世界如何运作、我们如何组织自己、共享地球）蕴含着正确认识自己、正确认识世界、共享人类社会发展成果等德育因素。PYP课程中的善于交流、坚持原则、胸襟开阔、懂得关爱、全面发展等目标，与我们的德育目标相类似；PYP课程在实施方面强调以主题课程为中心，以生活为教育背景，以合作探究为主要形式，与我们的德育课程的实施极其吻合。本着外来教育理念本土化的原则，我们重新构建了“超学科主题课程”的目标体系和评估体系，通过延伸主题课程的“长度”和“宽度”，来强化实践环节，引导学生合作学习、自主探究；通过加强仪式教育、改善学习环境等方式，促进“超学科主题课程”目标的全面达成。

金马公学初中部推行“选课走班”和“合约式”学习。“选”是自主地选择课程和学习层次，每名学生选课之前都要认真评估自身的兴趣、基础、能力和发展方向，然后做出适合自己的选择。在选课基础上实行“合约式”学习，由师生双方协商签订学习合约。这两个程序都体现着自主，也都意味着责任，即对自己的选择和合约承诺负责。当学习成为学生自身的责任，还用苦口婆心地说教吗？“走”是学生自主地走向学科教室。对于学生来说，走向的是自主选择，走向的是自己的兴趣，走向的是自己的责任和承诺。如此一来，还用担心学生走乱了吗？“选课走班”和“合约式”学习体现着以自尊、自立、自强、自律为特征的德育目标，这便使为德育而德育的问题得到有效解决。

随着课程改革的逐步深入，我们发现推行自主教育仅限于教学领域是不够的。学生的自主发展是一个包括学习、交往、生活、适应社会等方面在内的立体成长和系统历练。其中，管理是不可或缺的重要方面。完整的自主教育应是“一体两翼”，即以学生为主体，以自主学习和自主管理为“两翼”。缺“体”则“失本”，缺“翼”则“失衡”。

基于上述追问和思考，我们萌生了推进学生“自治”管理的想法。要有效推进学生自治管理，就必须寻找适合的组织形式。在苦苦探寻中，我们从“家”的概念和形态中获得了灵感。家庭具有温馨和谐、长幼有序，以及归属感、安全感、幸福感等特点，我们可以把“家”移植到学校中来，以此为载体实施学生自主管理。我们将这种学生自治形式命名为“学长制·家族式”管理。

二、“学长制·家族式”管理的理论依据

一项有生命力的改革，是以坚实的理论支撑为前提的，我们在不断反思与追问中创生的“学长制·家族式”管理模式，有其深厚的理论基础。

“学长制·家族式”管理就组织形式而言，是学生“自治”的一种组织

形式，其思想根源属于自主教育的范畴，由此我们对自主教育进行了深入的追寻。

（一）自主教育的思想渊源

自主教育就其渊源而言，可谓历史悠久。古代中国的舜尧之君，至圣之师，无不遵从天健地坤，厚德载物，上善若水，大道之行，自强不息。老子曰：“上善若水。水善利万物而不争，处众人之所恶，故几于道。居善地，心善渊，与善仁，言善信，政善治，事善能，动善时。”老子最早从哲学角度诠释了成就“至善之人”的憧憬与期待。

孔子不仅从“治国，齐家，平天下”的角度论及人“仁君、仁臣、仁人”的价值取向和修行之道，更可贵的是还将其付诸实践。他认为上至君、下至臣，都应当“志于道，据于德，依于仁，游于艺”。这是孔子伦理思想总的纲要，也是做人必须遵循的原则。孔子重视“学思结合，启发教学”，“学而知之”是孔子教育思想的根本指导思想。“不愤不启，不悱不发；举一隅不以三隅反，则不复也”是孔子启发式教学的真实佐证。孔子强调学生主动学习、自觉学习，引导学生积极思考。他创生的“六艺”课程（礼、乐、射、御、书、数），都以学生自主学习、动手实践、感悟体验为主。尤其是他带领弟子周游列国，把自主学习从“杏坛”扩展到更为广阔的社会实践中，带领弟子饱览山川河流，深耕广袤大地，亲历民风民俗、人间百态，目睹诸侯争斗、尔虞我诈、权谋之术，历经烽火狼烟、兵戎相见，亲身体验世态炎凉、人生百味……其许多弟子成为政治家、军事家。孟子对教育的解释是“天命之谓性，率性之谓道，修道之谓教”，精辟地道出了“天命”“率性”与“修道”的关系，直接指向了自主教育的思想渊源。

古希腊时期的毕达哥拉斯、柏拉图、亚里士多德等哲学家的和谐教育、“以理性指导欲望”“寓学习于游戏”“教育遵循自然”等教育思想，孕育着自主教育的萌芽。苏格拉底也有一套独特的教学法，人们称其为“苏格拉底方法”，他本人则称之为“产婆术”。他给学生传授知识和概念时，并不直接把知识或概念教给学生，而是就知识或概念进行发问，引导学生回答。若学生答错了，他则继续追问，就这样一步步引导学生思考，引导学生探寻答案，这是自主教育思想的雏形。

18 世纪伟大的启蒙思想家、哲学家、教育家卢梭倡导对儿童进行“自由教育”。他认为，儿童是教育的中心，教育的一切活动都必须遵循儿童各自不同的生理、心理特点，顺应人的自然本性。他反对成人不顾儿童的特点，强制儿童接受违反自然的所谓教育，干涉和限制儿童的自由发展。他认为顺应自然的教育必然是自由的教育，要根据儿童身心成长的自然规律和不同情况来因材施教，给他们自由发挥的空间。在这个空间中，去细心观察他们的兴趣，然后再给予合适的引导。

19 世纪德国教育家第斯多惠曾经说过：“教学的艺术不在于传授本领，而在于激励、唤醒、鼓舞。”“一个差的教师奉送真理，一个好的教师则教人发现真理。”他认为好教师不仅要教给学生知识，更要唤醒学生的求知欲望并授之以渔。

自主教育最坚实的理论基础是马克思主义教育观。马克思主义教育思想认为，无产阶级只有解放全人类，才能最后解放自己。这里的“解放”有让人自主的意思，马克思实现了从卢梭自然的人到社会的人的转换。在马克思看来，人的本质不是单个人所固有的抽象物，在其现实性上，它是一切社会关系的总和。由此，马克思把人的教育植入了整个社会发展的系统之中，这是马克思主义教育思想的核心所在。

苏联著名教育家苏姆霍林斯基认为，只有激发学生进行自我教育的教育才是真正的教育。能否把教师对学生的教育变成学生自觉的、自主的教育，既是教育成功与否的关键，也是教育的最终目的。

教育家杜威提出了“从做中学”的基本教育原则，凸显了学生的自主地位。他认为儿童生来就有一种要做事的愿望，对活动具有强烈的兴趣，对此要给予特别的重视。他认为教学过程就是“做”的过程，教师要引导学生主动实践，在实践中主动获取知识和解决问题的能力。

皮亚杰的道德发展阶段理论告诉我们：儿童的道德发展是一个由他律逐步向自律、由客观责任感逐步向主观责任感转化的过程。皮亚杰将儿童的道德发展分为前道德、他律道德、初步自律道德、自律道德四个阶段。要促进学生成长，应当由他律逐步转向自律，让其在自主学习和自主管理中获得道德情感体验和价值认同，逐步完善生命的意义。从 18 世纪末到 19 世纪初，自主教育历经沿革，形成一种世界性的教育思潮。

掩卷深思，我们不难发现中外教育者心中的教育，均聚焦于顺乎天性的自由生长。从教育大家对教育的理解中我们深切地感受到，教育应是学生发自内心的“自由生长”和“自主成长”，正如任何人不能代替学生生活一样，教师和家长也无法代替其成长。因此，“自主”便成为“自愿”的前提，“自主"才是"成长"的沃土。自主教育，是弥漫着生活气息、散发出成长光芒的教育，是回归教育本质的教育。

（二）自主教育在中国的发展

19 世纪初，我国一批政治家、思想家、教育家挣脱闭关锁国的枷锁，"睁眼看世界"，不仅看到了西方的物质文明，也看到了西方先进的教育思想及实践，于是开始介绍和实践自主教育。最早进行自主教育实践的教育家有陶行知、蔡元培等。陶行知不仅著书立说介绍杜威的自主教育理论，还创办晓庄试验乡村师范（今南京晓庄学院）进行自主教育实践。

陶行知在《学生自治问题之研究》中，论述了学生自治的四大优势：可为修身伦理的实验，能适应学生之需要，能辅助风纪之进步，能促进学生经验之发展。

蔡元培认为教育的根本目的是"立人"，即重视学生个体性和主体性。他说："学生在学校内，既要有活泼进取的精神，又要有坚实耐烦的精神。有第一种精神，所以有发明、有创造……"学生要想发明创造，就必须对自己进行自主教育。

叶圣陶更是鲜明地指出，教育是农业，不是工业。教育的方式主要是帮助优秀人性的自然生成。

20 世纪末至今，在中国基础教育领域轰轰烈烈开展的课程改革中，以"还学生学习的主体地位"为特征的自主教育成为重要的理论支撑，涌现出包括金马公学在内的一大批自主教育实验学校。

（三）自主教育的概念与特点

1. 自主教育的概念

自主教育是同控制式教育相对立的一种教育模式。

控制式教育的特征是行为管束、思想控制、被动学习。在管理上，教师过度依靠刚性制度对学生的约束，控制着学生的一举一动。在严苛的管理体制下学生不能犯错，只能做"乖孩子"，在学校因失去天性和自由而丧失了做"真人"的机会，而学校和教师也因此丧失了真实教育的时机，"两面人"大概就是这样培养出来的。在教学上，教师依靠的是经验和主观预设，采用的是"满堂灌"和机械训练，用统一的时间、统一的进度、统一的方法、统一的思维模式"牵"着所有学生的"鼻子"走，从而实现教师对学生的控制。

课后，用“题海”战术占领学生的时间和空间，把学生紧紧束缚在规定的作业中，学生主动探究的激情在“灌输”中消失，创造的激情在控制中被扼杀，智慧的生成、思想的成长更无从谈起。

关于自主教育，到目前为止人们对此仍没有达成共识，在国内外还存在着表述上和理解上的诸多差异。我们辨析各家之言后认为，自主教育是一种充分发挥生命个体发展性和主体性的教育理念，是培养学生自信、自立、自强、自律的全人教育，也是培养学生学会学习、主动发展、开发潜能的终身教育。自主教育以自治为基础，以自律为机制，以自强为目标，使学生在有主见的前提下，实现做人自信，学习自主，生活自觉，管理自治。

2. 自主教育的特点

一是主体性。强调对主体内生力量的激发，突出自立自强。自主教育注重主体的主导作用。教育不是驯化，自主教育在管理上，讲求人文、启迪、唤醒、内驱发展，追求的是自主学习、自愿发展、自由创造。

二是发展性。强调每一个个体都有无穷的潜力和无限的可能，都有不断向上向善成长的趋势。在自主教育下，学校的主要责任是为学生提供优质的成长环境，并为学生创造体验、判断和选择的机会。教师的角色是服务者、协作者和引领者，旨在让学生在自主学习中增长智慧，在自愿探究中释放激情，在自由创造中绽放梦想。

三是差异性。要尊重学生的差异性，保护学生的天性，引导学生自主发展。自主教育的主体是学生，要允许学生对学习内容、学习节奏、学习方法做出适合自己的选择，最大限度地调动他们的学习热情；在教学上，要尊重其兴趣、关注其差异、引导其探究、注重其生成。

3. 自主教育的核心

自主教育的核心是培养学生的自主思维能力，包括观察、发现、思考、辨别、体验和领悟的能力，以及发现问题、分析问题、解决问题的能力。从拓展性和发展性思维能力开始，提高学生的思维质量，包括批判和思辨探究能力，横向联想思维能力及纵向联想思维能力等。自主思维能力的培养重在培养学生成长型思维，打破固定思维模式。

4. 自主教育的目的

自主教育的根本目的是培养“思、行”并举的自主人，即能独立思考，笃实行动的全面发展的人，其根本是使学生养成独立人格，成为独特的自己。在教育教学活动中要以学生为中心，使学生摆脱“被灌输、被指导、被训练、被控制”的局面，还其自主学习、自愿探究、自我约束、自由创造的权利。尤其是对少年儿童的教育，无论是知识学习还是对规矩的信守，主动的才是兴趣，被动的就是负担。要想革除传统教育的重心在教师和教科书的弊病，自主教育是一条很好的路径，这就是我们坚守自主教育的理由。

三、“学长制·家族式”管理模式的建构

（一）指导思想

在学校建立以“家族”为基本单元的学生自治组织，在教师引领下，学生自主开展活动，在丰富多彩的活动中感悟成长、体验成长、积极成长，每一个学生都有人生出彩的机会。

（二）组织架构

家族交流

打破年级、班级界限，让不同年级、班级的学生，按照史官（由教师担任）与学生双向选择的原则，组成一个个“家族”。“家族”中的每个人都有自己的角色，随着年级的增长，都能够体验到不同的角色和责任，获得被关心、被照顾和关心人、帮助人的不同感受。当老小的时候可以撒撒娇，当了老大就得学会体贴人、帮助人，甚至是教育人，这对于学生的心理发展是有好处的。

每个家族配一名史官，与学生一起午餐、午休，负责记录学生的成长史，外出活动时负责照相、收集材料、保障学生安全等。史官在家族中不是“长辈”，而是扮演家族中最小的成员。史官有指导学生做事的权利，没有帮助学生做事的义务；遇事不帮忙、不告诉，必要时还会通过“有效干扰”让学生懂得谦让、体贴、照顾，从而智慧地调整每个家族成员的思想、行为。

每学年开学，学校都会组织一次家族纳新大会，接收新来的学生进入家族。老大代表家族介绍家族的族名、族规和构成等基本情况，新生和家长听

完介绍后自主选择家族，经过双方沟通达成共识后，新生便可加入家族。扩容后的新家族第一次召开家族会议时，学生要在会议上介绍自己，相互认识；本着“我自己选择，我才会负责；我自己思考，我才能聪明；我自己动手，我才有本事”的原则，设计能够代表家族特色的家族族徽，修订族规、族约；建立家族档案和家族护照，为之后的家族运转做好必要的准备。

（三）活动类型

1. 文化研学

如参观杨家埠民间艺术大观园、莫言旧居、蒲松龄故居、王阳明故居、鲁迅故居、王羲之故居、齐文化博物馆、青州博物馆、曲阜“三孔”等。

2. 社区调研

如废旧衣物回收、农贸市场价格变化调查、书城消费人群调研、有机农场体验等。

3. 营商实践

如在平安夜推销平安果、一张 A4 纸的换购、一个曲别针的旅行、图书学具推销等。

4. 农耕体验

如浮烟山森林公园采摘、蔬菜基地采集、生态农场种植等。

5. 职业体验

如高科技企业参观、社区服务、超市售卖、书店导购、福利院义工等。

（四）运行方式

1. 生活方式

各家族在学校一起就餐、午休，一起竞争学校打工岗位，一起“打工”挣钱，一起参与学校组织的家族文体活动。在日常生活中，学长照顾学弟学妹，学弟学妹依恋学长，彼此心相系、情相依，同温暖、共成长，温馨和谐“过日子”。

2. 活动方式

家族外出活动时，要精心设计活动方案，集体选择乘车路线，自行选择就餐品种，各家族围绕活动目标自主开展活动。

（五）活动路线图

1. 主题生成

根据学生的知识储备、认知水平和身心发展状况，以及学生的问题或需求，生成家族教育活动的主题。

2. 制订方案

根据各家族生成的活动主题，所有史官在汇总分析后确定学校教育活动的总主题，并分析评估主题教育活动所需要的资源，以及陪同的相关学科教师等。在此基础上科学制订活动目标，周密规划主题活动的各环节，使各环节协调配合，并从不同侧面聚焦主题。

3. 活动入行

在规定时间内，各家族按照主题教育活动的方案和内部分工，各自组织本家族的主题教育活动。在活动中，各家族要从组织秩序、族员表现、发现的问题、目标达成情况、需要改进的地方等方面进行认真总结，返校后在全校各家族中进行交流。

（六）活动的统筹与协调

1. 合理安排课程

学校根据本学期的课程实施要求制订课程实施计划，保证课程的有效实施。课程的实施要强调德育实践，在开展常规教育活动的同时，要善于选择教育时机，进行有针对性、有重点的教育。

2. 坚持每周召开一次家族会议

坚持面向全体，每一次主题教育活动都要保证全体学生共同参与，坚持每周商讨课题研究的推进，及时反思优点与不足。

3. 充分利用各种教育资源

充分利用当地博物馆、实践基地、德育基地等社会资源和自然资源开展主题教育活动；与社会有关组织协作，建立健全实施社区服务、志愿服务、社会实践课程的组织网络和活动制度；积极利用并开发信息化课程资源；利用重大节日和纪念日的文化资源，开展教育活动。

4. 建立活动开放制度

学校可以聘请家长、社区代表参与或观摩主题教育活动，及时了解他们对课程实施的意见和建议。

5. 建立“万千责任有限公司”

“万千责任有限公司”的建立和运作，让学生认识到工作的重要性，并利用课余时间参与学校工作。

6. 加强德育队伍建设

做好史官培训工作，使其明确活动的意义和活动实施规范；通过集体研讨、案例分享、专题研究、实践反思等方式，提高史官的活动实施能力。

（七）活动评价

1. 家族币评价机制

史官每周领取相应的家族币分发给学生，根据学生在校表现，可以奖励或没收学生的家族币。作为对学生在校期间各方面表现的一种评价手段，家族币不仅是家族外出活动时发放资金的凭借，也是学期末评选优秀家族的重要指标。

2. 将家族参加德育活动的情况作为评定优秀家族的重要内容

坚持正面教育和注重激励的评价原则，积极帮助学生认识自我，体验成长，建立自信。在学校评价和教师评价的基础上，学生开展自评和互评。

3. 将教师实施主题教育活动的情况计入工作考核

注重对教师活动策划能力、组织能力和总结反思能力的评价。建立以教师自评为主，学校、学生、家长共同参与的评价制度，科学评估课程目标的达成程度，发挥评价对促进教师专业成长的积极作用，将教师参与和实施主题教育活动的情况作为优秀史官、优秀班主任评选的重要内容。

第二章 “学长制·家族式”校本成长课程的建构与实施

一、“学长制·家族式”校本成长课程的建构策略

什么是课程？“课”和“程”是一个问题的两个方面，“课”是目标、体系和内容，“程”是实施、管理和评价。课程必须具备明确的课程目标、系统的课程内容、稳定的实施队伍、科学的评价体系四个基本要素，缺一不可。

学校要根据学校发展目标和学生培养目标，确立课程目标，建构课程体系，制订课程标准，通过对学校课程的引领、规划、设计、实施、管理，实现学生成才、教师成功、学校发展。

课程是实现教育目的的重要途径，是组织教育教学活动的有效依据，是教育价值观的基本载体。课程居于教育的核心地位，被誉为学校教育的心脏，直接决定着学校这一肌体的强壮与否。于是，我们基于校情、学情构建了“学长制·家族式”校本成长课程。

（一）“学长制·家族式”校本成长课程的目标

我们遵循育人规律，依据国家课程标准和《小学德育纲要》《中学德育大纲》中的目标要求，借鉴 PYP 项目的基本理念和培养目标，结合学校的办学理念和培养目标，制订了适合我校的“学长制·家族式”校本成长课程目标。其具体体现在以下五个方面。

（1）坚持全体学生的全面发展。为学生提供德、智、体、美多方面发展的学习机会，培养学生良好的思想品德、人文情怀和艺术素养，锻炼学生健康的体魄，塑造学生健全的人格。

（2）突出学生个性的健康发展。激发学生兴趣，开发学生潜能，发展学生多元智能，为学生的个性发展提供必要的保障。

（3）关注学生的可持续发展。精心设计“学长制·家族式”校本成长课程，着力培养学生的创新精神和实践能力，激发学生终身学习的愿望和主动探究的意识，使学生学会学习，学会生活，学会创新。

（4）强化学生科学精神和人文情怀的培养。培养学生坚持真理、勇于创新、实事求是的精神，引导学生正确对待自我，尊重他人，增强社会责任感，传承中华民族的优良传统和优秀品格。

（5）开阔学生的国际视野，培养学生的全球意识。引导学生汲取世界多元文化的先进成果，提高学生的国际竞争能力，增强学生的国际合作意识。

（二）“学长制·家族式”校本成长课程的建构思路

我校遵循国家教育方针和课改基本理念，依据国家九年义务教育课程计划，坚持开放式办学，在有效补充国家课程和发展学生核心素养上下功夫，在培养学生社会责任感、创新精神和实践能力上做文章，在校园生活自治、游学活动体验、社区问题调研上见行动，使培养目标过程化。建构的“学长制·家族式”校本成长课程体系，应体现校本性、综合性、研究性、创新性特点。

1. 校本性

校本性指的是校本课程要遵循教育方针，更好地满足学生和家长的需求，体现学校的办学理念，支持学校深化教育内涵的发展特色。

我校坐落在潍坊市高新技术产业开发区，是为满足本区域大批引进的人才子女接受优质教育的需求而建的。我校学生主要有三个特点：一是大部分学生都是独生子女，需要体验大家庭那种长幼有序的成长环境，家庭的缺憾需要在学校弥补；二是家长群体不是单纯地追求分数，他们更看重孩子的生存能力和社会适应能力；三是家长群体能量大，有的是高新技术产业的老板，有的是社会知名人士，能帮助学校吸纳社会教育资源，帮助学校开拓教育空间、丰富教育内涵。

我校的“学长制·家族式”校本成长课程，就是本着满足学生需求，利用可用资源，支持学校特色发展而构建的。

2. 综合性

综合性，既指本学科知识的综合，又指不同学科知识的综合；既指认知能力的综合，又指实践活动的综合。我校的“学长制·家族式”校本成长课程，是专注于提升学生综合能力的综合实践活动。学生在课堂中所学知识大都是学科本位的线性知识，而生活问题，特别是社会问题却是复杂的立体化问题，需要综合认识、沟通多学科知识协调解决。从“学长制·家族式”管理，到“学长制·家族式”校本成长课程，都是对“学习迁移”和“体验内化”理论的实践，追求在已有经验和知识基础上的生成，从而使学生在丰富知识、深化认识的同时提升思想境界和解决问题的能力。

3. 研究性

具备研究性的课程更有利于学生的发展。我校“学长制·家族式”校本成长课程中的每一个主题都是集体探究的主题，每一次活动都是以问题为导向进行探究的。所以，我校的校本课程不仅具有趣味性，而且具有鲜明的研究导向性。

4. 创新性

校本课程的开发，本身就是一种创新活动。要使这种创新活动落到实处，必须实施民主，使建构过程成为师生对话、生生对话的探索争鸣过程、思想碰撞过程、智慧分享过程，由此激发学生参与活动的积极性、主动性和创造性。

二、“学长制·家族式”校本成长课程的实施策略

课程开发仅仅是为实施做准备，要真正使课程落地还必须讲求实施策略，注重实施过程，追求实效，把“学长制·家族式”校本成长课程纳入学校教学计划。

（一）“学长制·家族式”校本成长课程的实施范围

我校是一所九年一贯制学校，但“学长制·家族式”校本成长课程仅限于小学部六个年级使用。初中部则实施导师制管理和选课走班教学。小学部实施“学长制·家族式”校本成长课程是在为初中部推行导师制管理和选课走班教学打基础、做准备。

（二）“学长制·家族式”校本成长课程的实施原则

我校“学长制·家族式”校本成长课程，是以校园自主管理和校外研学体验为主的探究课程，注重趣味性、游戏性和艺术性，注重满足学生求新求异的需求。实施“学长制·家族式”校本成长课程应遵循以下四个原则。

第一，主体性原则。充分发挥学生的主体作用，让学生做“研究性学习”

的主人，自主选择课题，自主组成研究小组，自主进行课题研究。

第二，开放性原则。一是学校根据实际情况开展实验，注意营造“百花齐放，百家争鸣”的学习氛围；二是为学生打造开放的空间，让学生的心态是开放的、自由的。

第三，民主性原则。教师要发扬教学民主，不要轻率地否定学生的研究成果，要尊重学生的不同观点。

第四，差异性原则。尊重学生之间的差异性，让学生自主选择、自主研究，最大限度地满足学生个体差异发展的需求。

贯彻以上四个原则，还需要做到以下四个方面。

第一，注重体验，寓教于乐。课程设置活动化，基于体验建构与目标相匹配的要求，注重学生的身心体验，充分调动学生的多种感官进行教育。

第二，问题导向，深度学习。坚持以问题为导向，激发学生主动学习。要根据学生的知识储备、认知水平和身心发展状况来设置问题，使学生通过探究加深对知识的理解，促进知识的迁移。在解决问题的过程中，要启发学生主动探究，培养学生的深度学习能力。

通过追问“为什么”“你的证据是什么”“你为什么这么说”，引导学生进行深度学习，挑战高阶思维。

第三，深度挖掘，整合资源。师生实际踩点，挖掘当地资源；以概念为切入点，结合各学科知识和学生的需求，加深学生对概念的理解，提高学生的理解能力。深度挖掘、整合校本课程开发地点的资源，使其发挥最大化的效用。

第四，过程考核，柔性评价。进行深度学习，要强调学生对学习过程的自我监控。“学长制 · 家族式”校本成长课程的考核要侧重过程考核，考核方式要灵活多样，具有个性化。对学生的评价主要采用终结性评价、过程性评价和表现性评价三种方式。终结性评价主要是对学生的作品质量和学生对活动主题的理解水平进行评价；过程性评价主要是对团队内部、团队之间、个人等在整个探究活动中的表现和探究结果进行评价；表现性评价主要是对学生在活动中的口头陈述、表演等外显行为进行评价。

（三）“学长制 · 家族式”校本成长课程的实施

1. 实地考察

为了更准确地了解目的地的情况，设计出有针对性的课程，在每次外出之前我校都会派教师去目的地实地考察，而不是仅仅依赖于网络搜索、他人介绍。

在实地考察前，先要做好准备工作，收集相关资料，建构大体框架，带着问题去考察，以便在考察过程中及时调整之前的设想。

2. 行程设计

确定好出行和返回的时间，初步定好停留的地点。

在进行行程设计时，要根据学校安排确定好往返时间，根据目的地的实际情况确定路线，以保证学生从课程探究中能够有更多的收获。

3. 课程设计

目前，活动探究课程已经成为国内的一大热点，但成体系的课程很少。有的学校片面追求形式，只是向社会、家长展示一种姿态；有的学校缺乏系统的规划，将活动探究课上成了旅游课。因此，秉持严肃的态度把活动做成课程非常必要。

我校根据“学长制·家族式”校本成长课程的育人目标，结合域情、校情、学情，设计了详细的“学长制·家族式”校本成长课程，明确了总体部署和相关问题的处理办法，使课程发挥了最大效用。

4. 手册设计

在活动过程中，我们希望学生既能发挥能动性，又能有据可依，因此设计了适用的探究手册，为学生提供必要的基础资料和方向性指导，给学生的深度学习和研究提供了“脚手架”。

（四）“学长制·家族式”校本成长课程的实施流程

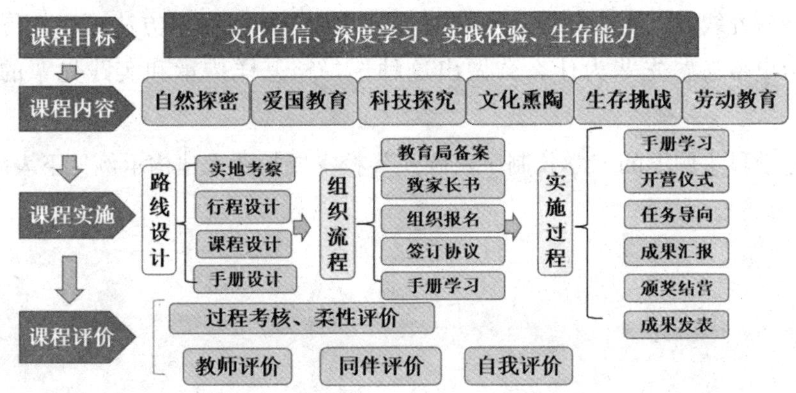

（五）概念研究

基于大概念的“学长制·家族式”校本成长课程，是在学科核心素养的指引下，在课程大纲的具体要求下，通过表现性任务的总体指引解决一个个环环相扣的问题链，引导学生在解决问题的过程中实现对知识的掌握、技能的提升，进而获得对概念的理解和素养的提升。在探索过程中，学生养成了探究复杂思想观点的能力，并能够灵活地在各种教育情境之间进行转换。

我们以 PYP 课程的八大重要概念——形式、功能、因果、联系、变化、责任、观点、反思，作为“学长制·家族式”校本成长课程的重要概念。

我们尝试以概念驱动课程设计，在不同的主题下有不同的中心思想和探究线索。当学生开始进行主题探究并从中引出问题和概念时，其思维便得到了进一步的提升。探究线索能激发学生的兴趣与深度思考，能聚焦大的学习目标，避免学生过度关注琐碎的学习目标。

课程开发更多地关注大概念，不仅能使学生在实践中掌握大量知识、技能，还能使学生获取深度思考的能力。明确了主题探究中的大概念后，下一个环节就是利用问题来架构整个单元设计。

好的问题要指向和突出大概念，要采用逆向思维的方法，将大概念的陈述句或探究线索转化为疑问句。

以“红色”课程为例，其重点是引导学生了解先辈的历史，以加深他们对过去和现在的关系的理解；重要概念是形式、因果、责任，即通过各种方法了解先辈的历史事迹（形式），探寻先辈为何做出这种选择（因果），实践从先辈身上学到的精神（责任）。

将探究线索转化为问题，主要有以下几个：通过哪些方法可以探寻到先辈的历史事迹？先辈为什么会做出这种选择？怎样传承和实践先辈的这种精神？

超学科主题下的“学长制·家族式”校本成长课程建构示例见下表。

“学长制·家族式”校本成长课程建构示例

领域	了解自然	劳动教育	生存挑战	科技应用	爱国教育	文化熏陶
超学科主题	世界如何运作	我们身处什么时空/我们如何组织自己	我们如何组织自己	世界如何运作	我们身处什么时空	我们身处什么时空
活动主题	植物园调查	泰华城职业体验	拯救书城	蓝树谷研学	探寻红色基地(井冈山、沂蒙山)	走进齐文化
中心思想、重要概念、探究线索	中心思想:人类与大自然相互依存,相互影响。 重要概念:联系、因果、反思。 探究线索: 1. 大自然为人类提供生活环境。(联系) 2. 人类的行为影响大自然。(因果) 3. 大自然如何反作用于人类。(反思)	中心思想:对职业的了解能提高学生的认同感。 重要概念:观点、功能、反思。 探究线索: 1. 对职业的了解。(观点) 2. 亲自体验职业场景。(功能) 3. 对职业的体验怎样影响我们对职业的看法。(反思)	中心思想:创意带来增值。 重要概念:形式、因果。 探究线索: 1. 有哪些带来增值的创意。(形式) 2. 创意能够成功增值的影响因素。(因果)	中心思想:科学技术的发展使我们的生活发生变化。 重要概念:变化、联系、反思。 探究线索: 1. 科学技术在不断发展。(变化) 2. 我们的生活与科学技术的发展紧密相连。(联系) 3. 科学技术的利与弊。(反思)	中心思想:了解先辈的历史能影响我们对过去与现在的关系的理解。 重要概念:形式、因果、责任。 探究线索: 1. 通过各种方法了解先辈的历史事迹。(形式) 2. 探寻先辈做出这种选择的原因。(因果) 3. 如何实践从先辈身上学到的这种精神。(责任)	中心思想:对祖国的了解影响我们全球视野的发展。 重要概念:形式、变化、联系。 探究线索: 1. 当地的文化特点和著名景点。(形式) 2. 当地历史的演变。(变化) 3. 当地发展与世界的联系。(联系)

（续表）

活动主题	浮烟山森林公园采摘	公交线路大搜索	一元钱的挑战	吃衣服的“绿胖子”	红色研学（南京）	走进鲁文化
中心思想、重要概念、探究线索	中心思想：所有生物都要经历一个成长变化的过程。 重要概念：形式、变化、联系。 探究线索： 1. 生长模式。（形式） 2. 生物在其一生中如何变化。 （变化） 3. 人类如何作用于某种生物。 （联系）	中心思想：要到达同一地点，可以有不同的选择。 重要概念：形式、因果、责任。 探究线索： 1. 符合要求的公交路线。（形式） 2. 选择最恰当的公交路线。（因果） 3. 出现分歧时的应对措施。（责任）	中心思想：创意带来增值。 重要概念：形式、因果。 探究线索： 1. 有哪些带来增值的创意。（形式） 2. 创意能够成功增值的影响因素。（因果）	中心思想：目的影响设计。 重要概念：功能、因果、变化。 探究线索： 1. 作品的用途。（功能） 2. 不同目的导致不同的设计。 （因果） 3. 科学技术改变设计方式。（变化）	中心思想：了解先辈的历史，以影响学生对过去与现在的关系的理解。 重要概念：形式、因果、责任。 探究线索： 1. 通过各种方法了解先辈的历史事迹。（形式） 2. 探寻先辈做出这种选择的原因。 （原因） 3. 如何实践从先辈身上学到的这种精神。 （责任）	中心思想：对祖国的了解会影响学生全球视野的发展。 重要概念：形式、变化 、联系。 探究线索： 1. 当地的文化特点和著名景点。 （形式） 2. 当地历史的演变。 （变化） 3. 当地发展与世界的联系。（联系）

三、“学长制·家族式”校本成长课程深度学习策略的研究

“学长制·家族式”校本成长课程的深度学习，主张让学生通过合作、体验、感悟来提升在未来的学习、生活和工作中所必需的核心能力和素养。相较于重记忆和再现知识的传统学习方式，深度学习强调理解和分析知识、整合和转化知识、迁移和运用知识，注重解决实际问题的能力及创生新的知识，是“好教学”的代名词，是能够引发学生主动学习与积极活动的教学。

目前，活动课程中出现的一个普遍的、难以解决的问题就是课程的浅显化倾向。在实际操作中，容易把活动课等同于一般的旅游观光，学生在活动

中玩得开心，但真正研究了多少问题、学了多少东西很值得商榷。因此，我校在剖析活动课程浅显化问题症结的基础上，加强了对深度学习策略的研究，总结并实施了如下策略。

（一）联结性教学策略

活动课程浅显化的症结之一：很多学校喜欢很多活动一齐上，强调对学生外在感官的刺激，而对为什么要设计活动、活动要达到什么目标、如何引导学生表达在活动中生成的发现与感悟等方面鲜有思考。对此，我校采取联结性教学策略，即基于学生的认知经验，打通学科间的壁垒，让知识联结真实的生活，联结体验与思维，引导学生将融合性思维和解决实际问题关联起来。

如我们以“亲近自然、拥抱春天”为主题，设计了主题教育活动——“凤仙花的种植”，将科学、语文、数学、美术学科的内容融为一体，让教师感受到了学科间的融合给学生学习带来的好处：原来学科之间有那么多的内容可以互通，我们完全可以在同一时间段就某一个主题对学生进行浸润式教育。由此，学校建构了“美妙的春天”这一季节主题课程——

世界上为什么要有花？我们离大自然有多远？“草长莺飞”“花开花落”，现代人还能有多少兴奋、感动……新学期伊始，春天的课程就伴随春风春雨应运而生了。从芳华未现的初春，到莺啼燕舞、繁花满枝的仲春，再到“树头花落未成阴”的暮春，学生们浸润在春天的课程中。诵读一首春天的诗，讲述一个春天的故事；在姹紫嫣红的校园里赏樱花、观玉兰，用手中的笔记下春天的倩影；去大自然中寻找，春蚕怎样由一个黑点变成一只肉肉的小虫，又变成一只洁白可爱的蚕宝宝；亲手制作一只风筝，让它带着梦想飞向蓝天，或做一只春天的彩蛋，绘一幅春天的画，种一粒春天的种子，让春天留在手上，让春风拂进心田；迎着朝阳，踏着一路春光，走进春天的怀抱。在两个月的“美妙的春天”之旅中，课程同生命紧密编织和映照，让每个学生都感受到了自己的成长。

学生根据经验和之前的学习，将新知识和已有知识加以整合，形成新的理解，并将这些知识应用到新的情境中，实现了迁移性学习。在这一课程中，他们看到了不相关的事物之间的联系，加强了概念性理解。

再如，在“齐文化研学旅行”课程中，有一项是走进齐文化博物馆。在鼓励学生有序、自主参观游览的基础上，让学生完成一个文字小游戏，并从中有所感悟和发现。

（二）问题导向教学策略

活动课程浅显化的症结之二：学生在活动课程中通常是被组织者，只须跟随教师完成必须完成的项目和内容，不必自己“操心”，学习的主动性不足。同时，活动地点是学生不熟悉的地方，随便看点什么学生都觉得收获满满，但是这种收获往往停留在浅层的新鲜感上，对背后的深层问题很少思考。

怎样调动学生学习的主动性，使学生进行深入探究呢？

学起于疑，疑问推动我们研发了活动课程，也推动了学生的学习。没有疑问的学习是表层的、肤浅的，为此，我们采取了问题导向策略。

这里所说的“问题”，指的是深入学生内心、学生急于解决的问题。我们提倡由学生主动生成这样的问题，在学生不能主动生成之前，可以由教师预设。

在实施“学长制·家族式”校本成长课程时，为培养学生的发现性思维和意识，我校充分发挥课堂教学的示范性功能，有效引导学生从现象中寻找问题，从问题入手开展研究。

课例一：在科学课上，罗老师和学生一起做别开生面的实验。只见罗老师手捧一个吹起的气球，用针一扎，气球“啪”的一声爆了；他又拿了一个，在上面贴上一小块透明胶带，让学生用针扎在胶带处，结果发现气从针孔处徐徐冒出来，气球没有爆。“这是为什么呢？”他向学生们抛出第一个问题。接下来，罗老师向气球里注满水，然后放在火上烤，大家顿时紧张起来。然而，烤了半天，气球竟然没有爆。“这又是为什么？”接下来，他让学生们将气球放在一片图钉上，用手按一下，气球竟然也没有爆。“这又是为什么？”

学生们惊奇不已，七嘴八舌地议论原因，迫不及待地想要答案，最后在罗老师的引导下共同找到了答案：气球是由弹性极强的橡胶做成的，充气后，内部气压大于外部，用针刺破后，球内气体会急速向外喷射，因为橡胶脆而薄，气球一下就被撑破了，同时会发出破裂声。贴上透明胶带后，透明胶带的弹性差，粘在气球上限制了橡胶的弹性，用针扎一下，气球只会一点点地漏气而不会扩大破口，所以不会爆。气球装水后，火焰的温度会通过橡胶传递到水中，水帮助气球吸热，所以气球不会爆。桌面上铺满图钉，气球受力面积增大压强变小，所以也不会爆。

有趣的实验引发了学生的好奇心，生成了真实问题，促使学生去探究。

学生在教师指导下寻找答案，经历了探索发现的过程，享受到了成功的喜悦。

课例二：在生物课上，殷庆明老师围绕“油炸黄花鱼”这一生活现象发起了一连串的追问——油炸黄花鱼的营养成分有哪些？哪些属于有机物？哪些属于无机物？列表分析这些成分各自有何作用？结合人体消化系统图，分析油炸黄花鱼的各成分在消化系统中的消化和吸收过程，理解各消化器官是如何实现结构与功能相适应的。要求学生记录一天的食谱，并对照一下是否符合健康要求。如果不符合，设计一份自己喜欢的健康食谱。

（三）项目任务策略

活动课程浅显化的症结之三：活动设计的简单化，主要表现在对活动组织考虑得多（如对要到哪里开展活动，怎么去，流程是什么，注意事项等考虑得非常细致），对活动的真正参与者——学生考虑得少（如对学生在这个活动中应达到怎样的目标，学生应该在活动中做什么，为什么要开展这些活动等问题没有系统深入的思考）。

这种简单化、没有针对性的课程设计，容易使活动课程的实施肤浅化，缺少学生的深度参与，难以达到深度学习的理想效果。

针对这个问题，我们采取项目任务策略，设计科学的项目任务——以具有趣味性、挑战性、综合性的项目任务为载体，帮助学生尽快进入情境，理解情境，明确任务的具体要求，带着学生从“好玩”到“玩好”。

（四）反思性策略

活动课程浅显化的症结之四：学生在活动中参观了、游览了、研究了、思考了，但这些并不是最重要的。重要的是他们参观了什么、游览了什么、研究了什么、思考了什么，以及有了哪些新发现、新见解。如果不能鼓励学生个体敞开心扉进行活动反思，不能促进学生群体展开反思交流，那么活动课程必然是浅层次的，深度学习也不可能发生。

为此，我们采用反思交流策略，注重引导学生在活动过程中和结束后，与自己、他人、自然、社会等进行多维互动，开展深度反思，并与同伴进行多种方式的交流和分享。

四、“学长制·家族式”校本成长课程实施的全面监管

对活动课程的有效监管，既是规避活动风险的关键，也是取得成果的核心。

（一）协商签订相关协议

与第三方平台签订协议书，以“委托开展”的形式，规避活动的收费风险，利于活动的可持续发展。

（二）精心安全管理

履行报备手续，在教育局备案，并下发致家长书，制订安全应急预案，强化安全教育，让“安全”入脑入心。

（三）精选导师

导师是在学生活动过程中，负责活动组织、内容讲解，引导学生进行探究性、体验式学习的专业人员。导师要兼顾教师与导游的双重身份，既要善于探究活动的辅导，又要善于旅行的组织。

（四）合理配备工作人员

学校要监督承办方是否根据团队人数、行程等合理配备了工作人员，学校也要配备好相关工作人员，如组长（统筹协调各项工作）、联络员（及时沟通传达信息）等。

（五）及时开展课程修正

活动课程重视学生在活动中的学习过程，重视让学生通过观察和体验掌握一种学习方法，通过现场感知和直接接触来丰富学生在书本上、课堂里学到的知识，加深学生对知识的理解，是一种更有深度的学习。

因此，史官要在每次活动行程中检查并记录学生的活动过程，观察学生的探究情况，根据学生的情感态度、学习效果及时总结并反思活动内容、行程安排是否符合学生的年龄特点和认知水平，从而及时调整思路，优化行程。

五、"学长制·家族式"校本成长课程的推进措施

（一）共同设计：培养学生深度学习能力

1. 能力目标

我们的活动课程自实施之初就制订了"避免走马观花式的浅尝辄止，培养深度学习能力"的目标。

2. 项目任务

整合式的项目任务跨越了学科界限，注重引导学生自主观察，越具体的任务设计越能支持学生的自主，任务设计要既有规范性又有开放性。

3. 手册载体

以学生手册和教师指导手册为载体，使行前、行中、行后一体化，手册比以呈现事实性知识为主的研学教材更实用。此外，还有探究手册、资源手册或行动手册，这是帮助学生学习的"脚手架"，也是评价学生的审核单。

（二）自主空间：培养学生规划能力

我们的活动课程给予学生很大的自主空间，学生拿到探究手册后，可以通过商讨自定研学任务，自主规划时间，自主查询路线，自行解决交通、吃饭问题，自定成果展示方式，培养规划能力。

比如，在一次研学中，有一项任务是40分钟内建造一座能同时容纳4人的房间，原料只有白纸和胶带，至于学生采取什么方式则不做限制，给予了学生自主发挥的空间。家族成员在史官的带领下，首先商量一个大体的设计，然后在图纸上画出房屋结构，大家一致同意后，老大再根据每个人的特点给家族成员分工：小孩子卷纸轴，大孩子做墙壁，最后将纸轴连起来做成房屋的框架，史官主要负责粘东西。没有人因为自己的任务简单而轻视，亦没有人因为自己的任务繁重而放弃，大家各司其职，最终圆满完成任务。

（三）教学评一体：研发设计流程

英国教育家怀特海有言："教育只有一种教材，那就是生活的一切方面。"高效教学在开始时就明确了想要达到的学习结果，以及学习发生的过程。

我们根据逆向教学设计的三个阶段，明确了"学长制·家族式"校本成

长课程三个阶段的关键设计要素。

阶段一：确定预期的学习目标。

解读既有目标—产生或找出大概念—确定大概念的学习要求—选择或寻找主要问题—找出关键的技能和知识—根据设计要求审核行动。

阶段二：决定可接受的学习结果。

考虑阶段一的学习目标—确定达成学习目标所需证据—设计表现形式（任务）—设计标准并用于评价—撰写其他所需任务—根据设计要求审核行动。

阶段三：形成学习经验及设计教学活动。

根据要求设计活动—开展形成性评价—根据要求审核行动—调整实践活动计划。

六、“学长制·家族式”校本成长课程的评价

我们将评价视为“学长制·家族式”校本成长课程的重要组成部分，致力于研究评价的原则和实施方式，努力使课程评价成为课程实施的有力杠杆。

（一）评价原则

我们就“学长制·家族式”校本成长课程的评价问题，组织教师、家长和学生进行讨论，就评价原则达成以下共识。

1. 表现性原则

针对学生在真实情境中完成任务时所表现出来的理念、态度、能力、知识等进行评价。

2. 开放性原则

基于研学内容的广泛性和现实问题情境的开放性，不设置唯一正确的答案，注重对学生发散思维和创新思维的评价，兼顾学生达成目标的一般情况和在某一方面的特别表现；注重学生的个体差异，说学生需要的话，如鼓励害羞的学生主动采访陌生人。

3. 激励性原则

坚持成长导向，明确评价的目标是促进学生成长而非检查和评比，这样学生就不会有排斥情绪。要让学生通过评价认识到自己的强项和潜能，激发学生的自信心和进取心，促进学生反思和持续发展。

（二）评价主体

学生、家长、指导教师都可以作为评价主体，从他们各自的角度对活动课程的开发、实施、条件及学生的收获等方面进行评价。

1. 倾听学生自评价

不仅别人对自己的评价要重视，自己对自己的评价也很重要。因为进步不是和别人比，而是和过去的自己比。学生通过自评能促进反思能力的提高。

2. 引入同伴他评价

青少年要完成社会化，离不开群体性交往，再好的父母和教师也无法代替伙伴的作用。因此，我们注重学生同伴之间的评价，努力使学生之间的评价形成正向的风气，使学生乐于学习、进步。

3. 参考教师群评价

教师不仅要评价学生的参与情况，还要评价"学长制·家族式"校本成长课程的落实情况，进而反思课程有何亮点、是否有需要改进之处。

4. 鼓励家长评价

即使家长没有跟随学生参加活动，也可以从学生回家后的状态感受到当次研学旅行的成效，所以家长评价也是不可忽视的。

（三）评价类型

在研究之初，我们认为"学长制·家族式"校本成长课程的评价可分为终结性评价、过程性评价和表现性评价三种。经过实践应用、总结梳理，我们又将评价整合为终结性评价和过程性评价两种，因为表现性评价更多地指向评价方式，一般包括口头陈述、表演等问题解决过程中的外显行为，既可以是终结性评价，也可以是过程性评价。

终结性评价指针对作品的质量和学生对主题的理解水平进行的成果性评价，更重视作品的质量。

过程性评价指对课程实施过程进行监督、记录、反馈，针对的是研学团队内部、团队之间、个人等在整个活动过程中的表现。

在活动过程中我们经常给予学生评价反馈，几乎每天都有。参与活动的教师每天都要写反思，通过对学生成长过程的观察、记录、分析，了解学生的个性与特长。学生也要每天写日记，及时记录自己的心路历程。

（四）评价方式

“学长制·家族式”校本成长课程的评价方式灵活多样。

比如，要了解学生的知识理解情况，可以采取问答、小调查等评价方式；要了解学生的态度、意识，可以采取谈话、座谈、演讲等评价方式；要了解学生的收获，可以采取作品展示、反思日记等评价方式。

（五）评价标准

要想把评价落到实处，评价标准必须明确。我们事先定好要评价的项目，如规则意识、安全意识等，让学生知道将从哪些方面对他们进行评价；制订评价标准的框架，让学生的评价有据可依。

后期可尝试邀请学生参与评价标准的制订，这样能增进学生对评价标准的认同感。评价标准不是越细致越好，但一定要便于操作。

例如，在鲁文化研学活动中，我们设计的终结性评价表如下：

项目	内容	等级	备注
规则意识	1. 具备规则意识，听从教师指导。		
	2. 在校外活动时，遵守当地的规则。		
安全意识	1. 有安全意识，不私自单独行动。		
	2. 遵守交通规则，不奔跑，上下车注意安全。		
协作礼仪	1. 与他人团结协作。		
	2. 自觉遵守各项礼仪。		
资料收集	1. 能主动收集有价值的资料。		
	2. 能及时整理、归类、存放资料。		
发现探究	1. 围绕活动主题，认真参与研究。		
	2. 善于思考，发现和解决活动中的问题。		
总结反思	及时总结和反思活动中的得与失。		
综合评价			

总之，“学长制·家族式”管理模式和“学长制·家族式”校本成长课程，不仅是丰富学生知识、培养学生能力、发展学生智力的载体，还是将人类文明的精神成果注入学生心灵的有效途径，也是将善良、正义、忠诚、气

节、民主、自由、平等、博爱、宽容、公正、责任感、意志力等优良品质自然融入实践性学习的过程。在这个过程中，应该充满爱心、充满尊重和人文关怀，应该尊重学生个性、尊重学生差异、尊重学生未来不同的发展方式，应该尊重独立精神、鼓励心灵自由，应该体现包容、平等，应该激发学生的创造性，让学生的潜能自由奔涌……

一句话，“学长制·家族式”管理模式及“学长制·家族式”校本成长课程下的各种经历和体验，不仅为学生“自信地行走”注入了成长历练的养料，而且为他们“自信地行走”提供了强大的精神动力、智力支持和能力支撑。

第三章 体验生存，让学生历练独立生活的能力

公交线路大搜索

一、活动背景

1. 课程简介

“同学们，你们坐过公交车吗?”

“坐过。”

“没有。”

“平常都是爸爸妈妈开车送我。”

“我跟奶奶一起坐过。”

……

“你们知道公交车的票价吗?”

“一元。”

“两元。”

“不知道。”

……

随着人们生活水平的提高，大多数学生的出行大多由家长车接车送，学生很少或没有独自坐过公交车，有些学生甚至不知道不同的公交车有不同的车票价位。家长包办了学生的一切，对学生的照顾可谓无微不至，却不知这样做是剥夺了学生成长和锻炼的机会。

2. 问题生成

公交车是一种高效、环保的交通工具，给出行的人们带来便利。但对于一些小学生来说，公交车只是偶尔会从身边驶过的“大家伙”。它从哪里来?

要到哪里去？如何乘坐公交车？乘坐公交车要花钱吗？需要花多少钱？这些问题都有待学生自己去探索。这次活动可以培养学生独立思考、做出选择并有所行动的能力，使学生为自己的选择负责，在行动中获得成长。

二、活动目标

1. 知识目标

（1）学会看公交线路图，会乘坐公交车。

（2）学会乘坐公交车以及在公共场所活动的礼仪。

2. 能力目标

（1）能充分利用网络或问询他人等方式，初步拟定出行路线；了解学校周边公交站牌指向，能寻找到目的地，并进行有重点的记录。

（2）培养自主制订方案，合理分配人力资源，选择合适的方式到达目的地的能力。

（3）培养有效沟通能力，学会与不同的人交流沟通。

（4）能回顾活动前提出的问题与假设，整理活动过程中的记录，形成自己的看法或观点，并用合适的方式呈现。

三、活动准备

1. 成员分工

一年级学生：形象总监，提醒家族成员着装要整洁，自带水壶。

二年级学生：财务总监，领取活动经费，负责财务工作。

三年级学生：安全督查，问询、查找路线，协调成员关系，确保家族成员的安全。

四年级学生：礼仪大使，探究外出礼仪，对家族成员进行礼仪培训。

五年级学生：总指挥，指导家族成员完成自己的任务；审核，检查各家族成员是否完成任务。

2. 前期准备

“开会了！开会了！”

为了明天的外出，金孔雀家族的老大正在召集家族成员开会。

“明天外出，大家说说我们应该注意什么。”

“我知道，我们要注意安全，过马路的时候要牵着大姐姐的手。”

“排队上公交车，要注意安全，不能在车上大喊大叫。”

“在公交车上，我们应该给爷爷奶奶或带宝宝的阿姨让座！”

“不知道坐哪路公交车的时候，我们可以问路人，问的时候要注意礼仪。”

“问路后要说‘谢谢！’。”

……

各个家族都在进行类似的会议，旁边的史官正在倾听家族成员的交流，偶尔问几个问题，引发大家深度思考。

“咱们家族领钱了吗？”史官问。

“早领了，不然明天咱就出不去了！”财务总监开心地炫耀他的工作。

在规定时间内没有领钱的家族是不能参加活动的。

四、活动实施

1. 合力出行

（1）出门密码。

校园内，各个家族都站得整整齐齐的，正在聆听教师讲话。

“安静、有序、有礼仪，这是最基本的素质，哪个家族最先做好，就最先获得线路图。”

“快点儿站好，不然咱们家族就得最后出发了。”老大低声吩咐着。

领取线路图

“恭喜你们！”田主任微笑着说。

“谢谢老师！”金孔雀家族的成员大声回答。

拿到线路图后，较小的学生要仔细听较大的学生读内容及要求。

“我们先要破解密码。问题一：线路图上共有多少路公交车？问题二：请在线路图中找到途经金茂国际大酒店的公交车是哪路？”

“那我们赶紧找吧！”

“是60路吗？”

“好像不对！”

“看！victory家族找出来了，咱们要加油啊！”

（2）路线选择。

在学校西门，老师正等着大家。

“恭喜你们过关！请根据以下提示找到第一个目的地，到达后，打电话给基地报告你们所在的位置和到达的时间，并领取下一个任务。出发吧！注意安全！”

“谢谢老师，老师再见！”

查看公交站牌

我们每一个人都是独立的个体，我们可以依赖父母一时一事，但不能依赖他们一生一世。因此，青少年要学会独立自主。如果学生的依赖性太强，如何在充满激烈竞争的社会中生存、发展并有所作为呢？

培养独立自主的习惯不是一蹴而就的事情，它需要我们坚定思想，从小事做起。通过这次活动，同学们懂得了：①要相信自己；②要有自己的主见；③要自己做出选择；④要自己的事自己做。

2. 智慧闯关

［任务一］富华游乐园

“我们看一下目的地的提示：富国强兵、朴实无华、游刃有余、津津乐道、春色满园。”

“都是成语，表示什么地方呢？”

“我知道了，我们从每个成语里找出一个字，就是我们常去的‘富华游乐园’了！”

作为“齐鲁第一园”，潍坊富华游乐园拥有过山车、海盗船、4D 影院、摩天轮等 30 多个游乐项目。摩天轮是富华游乐园具有代表性的游乐项目之一，游客在乘坐缓缓升起的摩天轮时可以欣赏全园的五角星规划景观和造型各异的绿化景观，潍坊开发区周边的景致也可以尽收眼底，是一个观赏性极强的游乐项目。

入园之后，老师便分配了任务：走最近的路线到达摩天轮处，哪个家族先到达，哪个家族赢得胜利。

学生们摩拳擦掌，只等老师一声令下，便飞快地向目的地奔去。

可是，不一会儿就遇到了难题，本来以为抄近路能快速到达的 A 家族面对前面被堵住的小路愁眉苦脸：退回去吧，浪费了那么多时间；往前走吧，又无路可走。正在大家不知所措的时候，刘同学灵机一动，找了一位工作人员问路。

工作人员听完他们的问题后，立马给他们指了一条小路。A家族成员纷纷鞠躬表示感谢，然后快马加鞭地跑向目的地。正所谓“时间就是金钱”，此刻学生真的深有体会。

摩天轮

一路小跑，气喘吁吁，A家族成员终于第一个到达摩天轮处。家族其他成员都对刘同学竖起了大拇指。

原来，独立自主解决问题的感觉这么爽啊！

[任务二] 郭味蕖故居陈列馆

郭味蕖（1908—1971），山东潍坊人，著名国画家、美术教育家。毕生从事中国画研究，对金石、考古、文学、书法亦有研究，著述颇丰，在海内外享有很高的声誉。郭味蕖故居陈列馆就是其在潍坊时的住宅。馆内陈列着其书画及学术著作，以开展艺术交流，弘扬传统文化。

活动刚开始，老师就宣布了本次的任务：在参观过程中，弄懂郭味蕖故居为什么又称作“疏园”。

刚看到这个问题，学生就炸开了锅：去哪里找线索？大家各执一词，吵成一团。

有学生提议：“既然讨论不出答案，不如我们在参观过程中多加留意。”

在参观过程中，学生发现郭味蕖故居的正房悬挂着齐白石篆写的“知鱼堂”匾额，两侧起居室陈列着先生的起居用品和文房四宝；北院西侧有先生亲手所建茅草画室，名曰“爱竹茅堂”；院正中黑色花岗岩基座上有著名雕塑家钱绍武所塑的先生半身铜像；穿过北厅，南院西侧有池塘潆洄；园内腊梅、丁香、红枫、紫荆为先生手植。

后来学生通过阅读门口的提示标语和相关材料，知道了当年郭味蕖先生被以疏散名义遣返回潍坊，因此这里也被称为“疏园”，先生自号“散翁”，虽历尽磨难，仍不坠青云之志。“比岳家军从天而降，如黄河水导海以归”“归来画兴浓于酒，病起文心壮如雷”是其晚年自况。

［任务三］十笏园

要求：照家族合影。

［任务四］老城隍庙（时间充足的家族可以选择去）

要求：照家族合影，按时回校。

五、活动评价

1. 家族评价

各家族用PPT等多种形式展示、汇报活动成果，每个家族汇报的时间不超过5分钟。根据评委老师的打分评出一、二、三等奖，并发放家族币进行奖励。

2. 自我评价

针对本家族在活动中的表现及收获进行自评。可通过制作手抄报、写体会等方式记录活动收获。

3. 史官评价

针对家族在活动中的表现及活动完成情况给家族成员写一封信，进行激励性评价。

六、学生收获

学生收获：今天是我第一次坐公交车，我知道了公交车的票价是1元，但是K开头的公交车票价是2元。在活动中，我紧紧牵着大姐姐的手，绿灯亮了再过马路。我还知道了，在公交车上，不能乱跑、乱跳、乱嚷，要给老人让座；坐公交车时一定要先看公交站牌，避免坐反方向或坐错车。今天虽然特别累，但我觉得收获很多。

七、教师反思

这次活动是我们家族第一次外出活动，虽然只有半天，但学生做了充分的准备。出发之前，我们家族先开会讨论了可能出现的问题及问题的解决方案。虽然我们家族中有两个一年级、两个二年级的学生，可是他们考虑得非常周到，想到的问题非常多，如安全问题、问路礼仪、乘车礼仪，等等。

活动当天，要先破解密码才能出发。万事开头难，我们家族在收到地图后研究了很久仍没破解，这个时候就是对学生们耐心的考验，学生们不断探索，终于找到了正确答案。虽然是倒数第二个出发的，但他们还是比较有信心的，由于家族老大对路线比较熟悉，所以很快就到了目的地，领取了下一个任务。在完成任务过程中，不知道怎么走时我们就去问路，一路上特别顺利，我们家族还是第一个返回学校的呢！

值得表扬的是，我们一、二年级的学生非常照顾“小 Baby”（史官），他们一直牵着我的手，让我觉得很温暖。

通过这次活动，家族成员成长了不少：认识了公交线路，学会了怎样看公交站牌，知道了 K 开头的公交车和其他公交车收费不一样，知道了从哪下的车回去时就到对面坐车。学生们在活动过程中不仅获得了喜悦与成长，还有一个很大的收获，就是懂得了要做一个有时间观念的人。我相信，实践会让他们慢慢成长起来的！

八、实施建议

1. 活动安排

（1）提前一天举行家族会议，讨论路线，查找资料。注意分工、礼仪及其他要求，史官记录、签字。

（2）在规定时间内领取家族资金，注意换零钱。

（3）活动当天教学楼前集合。

（4）破解出门密码，家族外出活动。

（5）当天上午 11:00 返回学校集合，家族分组分享。

2. 史官职责

（1）注意学生安全，全程陪同，和学生一起完成出发前的礼仪研究、资料查找、外出方案制订等任务。

（2）不能直接告诉学生完成任务的方法，不能帮忙，要让学生独立完成任务。

（3）对活动的全过程进行记录、拍照（自备相机）。

（4）监督学生在完成任务过程中的表现，对违反规则的学生进行任务处罚，并及时上报总指挥。

（5）本次活动以让学生学会根据公交线路图查坐公交车为主要目的，同时注重培养学生的综合能力。在完成每一项任务时，提醒学生要有时间观念。

3. 学生外出规则

（1）礼仪要求。

①问路时鞠躬问好，离别时行再见礼。

②在公交车上主动给老人、小孩、孕妇让座。

③提问或问询时要注意礼仪，目视对方，不打断别人说话。

④公共场所不大声喧哗、奔跑。

（2）安全要求。

①一切行动以家族为单位，不可私自单独行动。

②到达每一个目的地都有相关的时间规定，形成时间意识，明确什么时间做什么事情。

③有序上下公交车，下公交车时注意观察车辆周围情况。

厨艺大比拼

一、活动背景

本月的活动主题是对学期初学生在“童军”活动中所习得的知识与技能的反思与实践，帮助学生提高自我生存能力，增长生活经验。在本主题教学活动中，要关注学生活动前期的筹备计划，强调知识查阅及动手能力的培养，同时考查学生对资金（家族币）的合理运用。

二、活动目标

1. 知识目标

（1）学习通过不同渠道获取有用信息的方法。

（2）学习生火、切菜、炒菜等生活技能。

（3）学习做事情统筹规划的方法。

2. 能力目标

（1）能充分利用网络、书籍等，查询自己喜欢的一道菜需要的原材料、做法步骤及注意事项，并记录。

（2）有计划地购买原材料。购买原材料时，要注重礼仪。

（3）根据生活经验及查阅资料获取的信息，完成菜品的制作，培养动手能力及解决问题能力。

（4）通过活动，培养制订方案、分工协作等能力。

（5）活动结束后能通过小报、影展、绘画、演讲等多种方式介绍自己家族的一道菜。

三、活动准备

1. 成员分工

一年级学生：形象总监，提醒家族成员按要求着装。

二年级学生：财务总监，领取活动经费，负责财务管理。

三年级学生：安全督察，协调成员关系，确保出行安全。

四年级学生：礼仪大使，对家族成员进行礼仪培训。

五年级学生：总指挥（学长），指导、检查家族成员任务完成情况。

2. 前期准备

（1）学校准备：木炭、部分蔬菜及肉类、砖块、水。

（2）学生准备：各家族商量确定要准备的物品。

四、活动实施

第一阶段：筹划准备

“同学们，咱们到秘密基地集合啦！”英雄家族的老大召集学弟学妹们为本次“厨艺大比拼”活动召开准备会议。

家族活动筹备会议

家族成员都到齐后，家族老大开始主持会议：“同学们，这次咱们家族活动的主题是‘厨艺大比拼’，考验我们厨艺的时刻到啦！咱们英雄家族的同学有没有人会做菜？”

原本以为这些衣来伸手、饭来张口的“小公主”“小王子”们都会沉默，没想到大家纷纷举手，争先恐后地说：“我会！”“我会！”“我也会！”

家族老大的眼里闪烁着兴奋的光芒，“哇，这么多同学会做菜，太好了！那咱们说一说自己明天打算做一道什么菜吧！”

“我会做西红柿炒鸡蛋！”谁也没想到，第一个发言的竟然是一年级的学生。大家都以为一年级的学生不会做饭，没想到他们这么厉害呢！

家族老大提醒大家：“咱们需要准备什么东西呢？”

学生们参与活动的热情空前高涨，争先恐后地说：“我带菜板和菜刀！”“我带洗菜盆和洗洁精！”“我带油、盐、酱、醋！”……

校园内，各个家族的筹备会议又开始了，大家在各自的秘密基地进行着新一轮的商讨。英雄家族的老大问道：“对于分工，大家有什么想法吗？”家族成员纷纷献计献策：“需要有一个大厨掌勺！”“需要有人择菜、洗菜！”“需要有人负责打水！”“对了，还需要有人清洗碗筷！”老大进行总结性发言：“根据任务难度的不同及各年级同学的年龄特点，咱们明确一下分工吧！高年级的学生当大厨，中年级的学生负责打水、清洗碗筷，低年级的学生负责择菜。”

学生们频频点头，这时，二年级的小宇发言了：“老大，我突然想到两个非常艰巨的任务——搭建灶台、生火。谁会呢？”“包在我身上！”家族老大小北和三年级的小臻异口同声喊了出来。

又一个稚嫩清脆的声音响起：“同学们，既然是厨艺大比拼，是不是要拿出咱们水平最高的菜品去跟其他家族 PK 呢？”发言的是一年级的同学，没想到他把活动最关键的因素总结出来了。

话音刚落，争先恐后的回复不绝于耳：“我能做芸豆炒肉，我试试这道菜，一定很美味！”“我虽然不太擅长做饭，但是我会摆盘，大家的菜品出锅后我来负责摆盘，一定让咱们的菜肴做到色香味俱佳！”听到这些振奋人心的话，学生们都欢呼起来。

家族老大也被大家的热情感染了：“好！同学们今晚回去一定要准备好各自菜品的材料，并且请教家长或从网上查阅资料，明确烹饪步骤，活动当天大家各显身手，咱们争取拿第一！”

“Yeah!!!”学生们欢呼起来。

一直在旁边观察的家族史官脸上露出欣慰的笑容，她提醒同学们，每个家族还需要一名家长来做评委。

“就让我妈妈来吧！我妈妈是家里的大厨，也是美食达人！”小昊的建议得到了大家的一致认可。

史官最后提醒大家：“大家记得领取咱们的家族资金，除了大家从家里带来的烹饪材料外，每个家族还可以用家族资金到学校的超市购买食材。”

在会议商讨过程中，每个家族都有一名小秘书会把这次会议的全部内容整理到家族探究手册上。

各个家族都在自己的秘密基地进行着这样的前期准备会议。在历次活动

家族会议热烈讨论中

的前期筹备会议中，家族老大总是起着引导和掌控全局的作用，他们会对活动的每一个环节深思熟虑，然后统筹安排，并根据家族成员的不同年龄特点和能力进行任务分配。这就培养了学生独立自主分析问题、解决问题的能力。另外，家族各成员都积极主动地参与活动，贡献自己的力量，培养了参与意识及合作能力。在整个会议过程中，旁边的史官都会耐心倾听，并不时地提出几个问题，引起学生的深度思考。因此，家族史官看似被照顾，实则掌控着全局。

此外，从实际情况来看，前期的筹备会议对于整个活动的圆满完成起着至关重要的作用，良好的开端是成功的一半。筹备会议圆满结束后，学生们就期待着“厨艺大比拼”活动正式开始的那天啦！

第二阶段：活动进行时

环节一：无人超市（14:00—14:30）

各家族根据下发的超市食材价格，制订购买清单，有计划地自主选购食材。

午睡结束，各家族迅速整理好内务，第一时间到达集合点。大家手里都拿着从家里带来的各种材料。

各个家族集合完毕后，都到自己的秘密基地准备。只听英雄家族的老大提醒道：“咱们把各自从家里带来的食材都放在一起，看看咱们还需要去学校超市购买什么食材。”

财务总监赶紧补充：“一定要精打细算啊！咱们可得省着点花！”

一年级的小同学说：“咱们不但要做出基本的菜品，还要争取有创意，争取能获奖！”

其他人纷纷附和：“就是就是，咱们可以去学校超市看看有什么有特色的东西，当然还要好好计划一下开支。”

老二举手：“我去打探一下，看学校超市里有没有特别棒的食材，咱们的水果准备得不多，可以买点儿水果制作一个水果拼盘！”

老大说：“好，这个想法不错，那你去看看，根据咱们的资金购买，别一次都花光了啊！”

老二向超市跑去。

来到超市，大家发现超市门口的提示牌上有如下内容：

（1）每次最多三个家族同时进行购物，每个家族的购物时间不超过5分钟。

（2）在超市购物时，做到有礼仪、有秩序、安静，否则将被取消购买资格。

（3）购物完毕，将相应的家族币放在超市入口处的纸箱里。

每个家族都按照要求，安静有序地完成了采购活动。

校内超市大采购

环节二：菜品制作（14:30—15:40）

各家族领取砖块搭建灶台，根据现有的食材及计划表准备做菜。这时史官提醒大家：想要做出色香味俱佳的菜肴，很考验刀工，一名优秀的厨师，能让菜在他的刀下变得更漂亮。此外还要考虑火候，得保证菜做熟了，还不能炒焦了，所以需要一名能够精准掌控火候的“控火大师”。当然最重要的是要给菜调味，几种调味品的组合能够让原本平淡无味的菜肴变得美味可口，就看你能不能掌握好各种调料的用量了。注意到这几点，再加上你们的天才创意，相信你们一定可以做出美味的佳肴。等大家做完后，将菜品装盘，用保鲜膜包住，带往餐厅，大家在餐厅统一进餐。

此活动环节需要注意以下几点：

（1）物资领取：各家族有序到徐老师处领取砖块、木炭、水等物资。（点燃的木炭由各史官领取）

（2）使用刀具时注意安全，由专人负责刀具的管理和使用。

（3）不得随意将点燃的木炭从灶台中取出，不得随意向灶台内加入其他物品。

（4）添加木炭时必须使用专门的工具，不得用手添加。

（5）木炭使用完毕，用水浇灭。由于砖块还很烫，不用清理炭灰和砖块。

下面是从英雄家族抓取到的几个镜头。

镜头一：小北把洗净的芸豆从塑料袋里拿出来放进盆里，把芸豆又洗了一遍，真是讲卫生的好小伙儿！

镜头二：小昊的锅是绝对的“主力军”，这口锅大小合适，还是不粘锅。

镜头三：小臻忙前忙后地搬砖、打水，江岳主动要求清洗菜板……家族里的每个人都在忙碌着！很快，火烧起来了，油热起来了，菜翻滚起来了，大家绽放出笑容。芸豆出锅了，每个人都迫不及待地尝了尝，入口，回味无穷。后来大家又合作炒了一盘西红柿炒鸡蛋。

厨艺比拼进行时

家族成员展身手

环节三：卫生清理（15:40—16:10）

美味佳肴制作完毕，各个家族开始清理“战场”啦！这个环节也体现出各个家族的分工是否合理和效率是否高。

“老大，我们三、四年级的同学负责把餐具清洗干净，可以吗？”

“没问题，你们要注意安全。”时刻注意每个同学的安全是家族老大最重要的职责。

“一、二年级的同学请把周围的垃圾清理干净，注意先洒水再扫地，以免灰尘太多。剩余高年级的同学，咱们把没有熄灭的木炭浇灭，没有用到的木炭送回徐老师那里。”

老大一声令下，大家各司其职，很快就把“战场”按要求收拾干净啦！

环节四：美食品尝及评选（16:10—16:40）

进入一楼大厅，巨大的惊喜在等待着学生们，几张桌子拼成了美食长廊，上面摆放着各式各样的菜肴，让人眼花缭乱，闻起来更是香气扑鼻，学生们围着发出一阵阵赞叹。美食评委们经过认真品尝，依据菜品的颜色、味道、样式等，为每个家族的菜品打分。

评分标准：

（1）家族活动计划表。（30分）

（2）活动过程中家族的纪律、安全、卫生。（40分）

（3）美食评委打分。（30分）

依据得分的高低评选出一等奖一名，奖励家族币10张；二等奖两名，分别奖励家族币7张；三等奖三名，分别奖励家族币4张。

创意拼盘我拿手

美食评委点评

五、学生收获

学生收获一：我们家族提前分好了工，有带锅、刀具、餐具的，有带食材的，有带调味品的，大家期待着能做出一顿美味大餐。此次家族活动还有一个要求，就是每个家族不能带超过15元的食材，食材不够，要用家族币到学校超市购买。这个时候，家族币就非常重要了，数一数，我们家族竟然有41张家族币，好开心啊！因为大家的共同努力，我们家族才拥有这么多家族币，这样，我们就能买更多的食材了。

学生收获二：在本次活动中，我们家族的5个成员都非常守规则、懂礼仪，大家互相帮助、合作解决问题。活动开始时，我们家族因为队伍整齐，成为第三个选择生火地点的家族，我们都很高兴。

学生收获三：这次的“厨艺大比拼”是新学期新成立的家族的第一次集

体活动，今年我们家族都是清一色的小男生：儒雅有担当的老大小北，活泼可爱的小宇，安静内敛的小昊，俏皮纯真的小臻，踏实肯干的江岳，每个人都充满朝气。

在筹备会议上，大家纷纷主动承担起从家带来材料的任务，考虑得非常周全。活动过程中，大家分工明确，做出的菜肴美味可口。

在这次活动中，我们也有需要反思的地方：（1）活动准备要充分，要有突发情况预案，有些物品可以多带一份；（2）家族币要放在教室，这样，即使财务总监请假，其他同学也能拿到；（3）如果再有此类活动，锅一定不能太小，要记得拿铲子，盘子一定要多带几个；（4）家族成员分工要更具体，这样可以提高效率；（5）家族币的使用一定要有严格的计划，并且要全体成员通过。

相信如果再有此类家族活动，我们一定会做得更好！

六、教师反思

本次活动旨在让学生感受到家务劳动的辛苦与快乐，锻炼学生的生活自理能力和生活技能。在活动过程中，学生培养了合作、探究、调查等能力，培养了团队精神，凝聚了家族力量。

七、实施建议

1. 注意事项

（1）午餐的主食及粥汤由餐厅提供，菜由家族自己准备。

（2）如果哪个家族有违规现象，该家族停止活动，进行反思。

（3）每个家族有一次求助机会。

（4）活动结束后，各家族及时将活动记录下来，活动中的照片、录像等上交质管中心。

（5）活动结束后，及时整理家族币。

2. 活动当天时间安排

7:40	教学楼前集合，各家族召开家族会议，强调活动规则、礼仪、要点，检查活动所需物品。
08:20	领取活动材料。
08:30	各家族制订计划。
08:40	各家族开始“厨艺大比拼”。
11:10	各家族“厨艺大比拼”结束。
11:20	各家族厨艺作品展示。
11:30	各家族到餐厅就餐。
13:00	美食评委打分。
15:30	各家族品尝菜品。
16:00	打扫卫生。
16:30	各家族总结、反思。
17:00	家族活动结束，整理相关材料。

3. 史官职责

（1）带队，注意学生安全，全程陪同。

（2）不能直接帮助学生完成任务，可对低年级的学生进行适当指导。

（3）记录活动全过程，可拍照、录像（自备相机）。

（4）对学生完成任务的过程进行监督，对违反规则的学生进行任务处罚，并及时上报总指挥。

（5）在活动中注重培养学生的实践能力、团结协作能力。

4. 安全保障：校医、保障中心

主要负责处理因突发事件引起的学生受伤情况。把学生的生命安全放在首位，如遇突发事件，首先保证学生的生命安全。

5. 紧急处理组：后勤保障中心

主要负责活动中的安全问题和环保教育工作，如遇突发事件进行现场指挥。

走进十甲农贸市场

一、活动背景

潍坊十甲农贸市场位于高新区金马路与樱前街交叉口东北角，市场内蔬菜、水果、粮油、水产、干货等的经营商户达到1100多家，是潍坊市最大的"菜篮子"。结合校本课程，让学生通过走进农贸市场开展调查活动，了解市场丰富的商品，感受市场给我们的生活带来的极大便利；推进学生对自然、社会和自我的内在联系的整体认识与体验，发展学生的创新能力、实践能力及良好的个性品质，培养学生的社会服务意识和公民责任感。

二、活动目标

1. 知识目标

通过活动，认识更多的水果、蔬菜等食物，了解不同食物的营养价值。

2. 能力目标

（1）了解市场上丰富的商品，感受市场给人们的生活带来的极大便利。

（2）逐步学会合理消费，培养保护自己正当权益的意识。

（3）在为农贸市场献计献策的活动中，提高解决实际问题的能力，增强社会责任感。

（4）通过实际调查、访问等活动，开阔眼界、增长知识，初步获得社会经验，体验劳动的可贵与创造的喜悦。

（5）通过问卷调查活动，培养沟通能力。

（6）通过对食物营养成分的调查，制作健康食谱，知道健康饮食的重要性。

（7）掌握一定的调查、统计方法，培养问题处理能力、数据分析能力。

（8）培养外出安全意识。

（9）懂礼仪，体验礼仪的重要性。

（10）培养写作记事的能力，能系统记录活动经过。

（11）形成热爱社区的思想情感，增强社会责任感，形成健康的生活态度。

三、活动准备

1. 成员分工

一年级学生：提醒家族成员按要求着装。

二年级学生：问询、查找路线。

三年级学生：领取活动经费，负责财务管理。

四年级学生：礼仪大使，探究外出活动路线，照顾好学弟学妹。

五年级学生：家族活动总指挥，指导、审核、检查家族成员的任务完成情况。

2. 前期准备

（1）下发致家长的一封信，家长签字并及时上交。

（2）熟悉家族成员，以家族为单位制订本次外出活动的相关规则（包含相应的处理措施）。每个家族成员的礼仪要达到外出要求，有两名史官签名才能领取活动经费。

（3）到家族银行领取活动经费。

（4）禁止从家里带任何食物，但可自带活动需要的相关用品。

（5）统一穿校服，带好水杯。

四、活动实施

第一阶段：筹划准备

1. 知己知彼，百战不殆

俗话说，好的开端是成功的一半。外出前，各家族召开家族会议，对家族成员做了如下分工。

一年级学生：提醒家族成员按要求着装。

二年级学生：问询、查找路线。

三年级学生：领取活动经费，负责财务管理。

四年级学生：礼仪大使，探究外出活动路线，照顾好学弟学妹。

五年级学生：家族活动总指挥，指导、审核、检查家族成员的任务完成情况。

活动前期，史官准备了致家长的一封信，确保家长知晓此次活动并签字，家族成员及时上交。史官和家族成员之间相互熟悉，之后以家族为单位制订本次外出活动的相关规则（包含相应的处理措施），领取活动经费。

2. 家族币小，其用极大

今天是每周四的家族会议时间，学生怀着无比兴奋的心情来到了家族秘密基地。团结家族的李同学说：“这次家族活动要去十甲农贸市场，我家就住在附近，但我没去过。知道这次的活动后，我有点担心又有点兴奋，担心的是我的家族币是否能为家族贡献力量，兴奋的是可以去体验生活。”各家族利用课余时间在罗老师处领取活动经费——根据各家族家族币的数量发放（1张家族币＝0.5元）。家族外出活动的一切费用，均使用家族活动经费，学生不得另带钱财及除水以外的食品。团结家族的小阳说：“我有8张家族币，其中4张是我上课认真听讲获得的奖励，2张是午休表现好获得的奖励，还有1张是小组集合时站队迅速得到的，最后1张是我捡到同学的橡皮主动上交得到的。想到这些家族币的来历我心里美滋滋的。”

3. 提前规划，胸有成竹

针对此次家族活动，各个家族首先利用家族会议时间观看学校发的相关视频，设计调查计划表，讨论本次要调查的内容及在调查过程中需要注意的问题。其次，合理利用家长资源，通过各种渠道查询资料并根据家族想要调查的方向设计调查问卷。在设计调查问卷时，先确定调研目的、数据分析方法等因素，再确定问题类型。问卷除了用词要清楚明了，表达要简洁易懂外，问题与问题之间要具有逻辑性、连贯性。这就对学生提出了更高的要求。最后，确定任务分工。

第二阶段：活动开展

活动方案制订好后，就要进入实施阶段。在活动方案实施过程中，各家族成员需要完成以下三个步骤。

（1）根据自己家族选择的调查内容前往目的地展开调查，完成调查问卷。

（2）根据活动计划进行采购。在乘车和调查的过程中要遵守礼仪，完成探究手册。

（3）根据探究手册中的不同任务展开探究，完成调查报告，将采访的内容记录在探究手册上。

学生们很快就到了十甲农贸市场，家族老大清点人数，确定全员到齐后开始根据探究手册开展活动。

一年级任务：和瓜果、蔬菜拍照

秋天是丰收的季节，瓜果、蔬菜都成熟了。你最喜欢的瓜果或蔬菜是什么？你为什么喜欢这种瓜果或蔬菜？带着生字卡片去市场找出这些瓜果、蔬菜，找到后在史官的帮助下和自己喜欢的瓜果或蔬菜拍一张合影，并用一句话介绍一下它的营养。

二年级任务：瓜果、蔬菜营养大调查

根据下列内容到农贸市场展开调查，并进行记录。

问题一：在市场内，有哪些不太常见的蔬菜及水果？试着了解它的名字及食用方法，并将它画下来。

问题二：你认为最有营养的蔬菜及水果有哪些？

问题三：你知道的既能满足营养需求又美味的蔬菜有哪些？

问题四：你们家族选择的菜谱是什么？它需要的原材料有哪些？需要多少？这些原材料的价格分别是多少？

认真记录

三年级任务：食品价格调查及宣传

今天，大家来到了食品采购地——十甲农贸市场。市场里面琳琅满目，哪种食品最吸引你？请根据下列问题把它分享给大家。

问题一：你最喜欢的一种食品是什么？英文怎样写？

问题二：你知道这种食品多少钱一斤吗？（提示：500 克 =1 斤）

问题三：计算家族买东西共花了多少钱。

问题四：在买东西的过程中，你是如何和老板交流的？（注意礼貌用语）

问题五：虽然说“酒香不怕巷子深”，但好的宣传手段能够更好地促进商品的销售。在十甲农贸市场，你收集到的宣传语有哪些？请为你最喜欢的食品设计一条宣传语。

四年级、五年级任务：“我心中的小尺子”

问题一：设计从学校到十甲农贸市场的路线，计算从十甲农贸市场到学校的距离（通过步子估算）及所需时间。

问题二：家族购买的物品的单价是多少？计算购买这些物品一共花了多少钱。

问题三：在活动中，你有什么收获？

调查价格

精挑细选准备材料做厨师

根据家族资金购买材料，晚上给爸爸妈妈做一次晚餐。

有经验的家族老大提议，大家先自己想想晚上的菜谱，然后汇报给老大，再就需要的食材进行集中购买，剩余的资金购买水果，回学校后家族成员分享。

在购买食材的时候，一年级的小垚竟然会讨价还价：“叔叔，西红柿能不能便宜一点儿?”家族其他成员都投来佩服的目光。

这次实践活动，把课堂从教室搬到了户外，把图片变成了实物。通过活动，学生不仅了解了菜价，学会了挑选蔬菜的方法，初步形成了消费意识，还将从课本上学到的知识进行了合理运用，同时培养了合作共赢的思想。

第三阶段：问题处理及数据分析

（1）各家族根据自己要研究的方向，制订方案，收集数据。

（2）各家族根据完成的调查问卷，统计、分析数据，用统计图的形式呈现统计结果。史官指导学生分析、归纳数据的方法。

（3）根据分析出的数据，提出关于市场运作或饮食搭配方面的问题。

问题处理及数据分析

（4）针对调查的结果，确定本次家族活动小论文的研究方向。比如，市场的管理运作；市场的卫生保障；如何优化顾客购买体验；菜品如何搭配才更有营养；等等。每个家族确定一个研究方向，撰写一篇研究小论文。

（5）写调查日记，记录当天的活动过程和活动感受。

五、活动评价

下午，家族成员共同讨论，采用不同形式交流收获，有的学生选用图片、手抄报的方式向大家展示收获，有的学生通过撰写倡议书向大家展示倡议，有的学生以PPT、报告、总结等方式展示活动过程。

家族之间开展总结性评价：调查结果要在家族探究手册上反映出来；各家族通过讨论或辩论，形成并分享初步的研究成果，完成研究报告；本着客观、公正、多表扬、少批评的原则，对每个家族成员和每个家族的探究过程及结果进行评价。

六、学生收获

学生收获一：这是我第一次参加家族活动。一开始我很紧张，怕自己因为年龄太小，跟不上队伍，让老师、同学担心。但见到哥哥姐姐之后，我的顾虑一下子消失了，大家都很关心、照顾我，让我感觉很温暖。一进入市场，琳琅满目的商品让我眼花缭乱，拿到任务后，我在同学的帮助和自己的努力下，很快完成了探究手册，还认识了许多蔬菜、水果。最后，我们用剩下的家族资金买了一些蔬菜，准备晚上给爸爸妈妈做一顿可口的饭菜。今天真是收获满满的一天！

学生收获二：作为家族中的老大，我的首要职责就是照顾好学弟学妹，协助他们完成今天的探究活动。在这次活动中，我认识了香叶、砂仁、栀子、八角等调味料，还用我课上所学的知识记录了今天的花销。最重要的是，我还锻炼了表达能力和解决实际问题的能力，增强了责任感。

七、教师反思

这次实践活动，把课堂从室内搬到了室外，把图片变成了实物，通过这种有特色的活动，学生不仅了解了菜价，学会了一些挑选蔬菜的方法，初步形成了消费意识，学会了合理消费，还感受到我们生活水平的提高——人们的一日三餐更加丰富，美味佳肴中饱含了亲情、饱含了关爱，更体现了国家繁荣和谐的美好盛景。

八、实施建议

1. 活动当天时间安排

13:30 楼前集合。

14:00—15:30 校外活动。

15:30—17:00 问题处理及数据分析。

17:00—17:30 学校组织各家族统一汇报，并进行交流评比。

晚上在家为爸爸妈妈制作菜肴。

2. 史官职责

（1）安全第一，随时保证学生在自己的视线范围内。

（2）采用文字、照片、视频等形式及时记录活动过程。

（3）学生在活动中遇到困难时，不能直接帮忙，可适当引导。

（4）带领学生针对活动进行总结、反思，并对学生的活动情况进行评价。

（5）不能自己提前回来，如遇特殊原因需提前回来，需安排好学生的活动。

（6）全天跟随学生，如果家族提前完成任务返校，可带领学生在教室内进行总结。

（7）对违反规则的学生进行任务处罚，并及时上报。

3. 学生外出规则

（1）准备好外出物品。

（2）知道目的地和路线。

（3）懂得外出礼仪。

（4）准备好外出的资料。

（5）领取外出经费和探究手册。

（6）按时返校签到。

（7）上交发票。

4. 安全保障

（1）校医、保障中心职责：主要负责处理因突发事件引起的学生受伤情况。把学生的生命安全放在首位，如遇突发事件，首先想到的是学生的生命安全，要立即采取措施，进行救护。

（2）后勤保障中心职责：主要负责安全、环保教育工作，如遇突发事件进行现场指挥、处理、联系。

（3）保卫处职责：负责学生外出与返回时的签到工作。

走进食品加工厂

一、活动背景

为使学生了解工业生产是如何进行分工合作的，了解工业生产在我们的社会活动中所发挥的巨大作用，培养学生珍惜劳动产品、尊重工人的意识，我们选择了以下地点带领学生进行实地考察。

（1）潍坊佳乐家农产品加工配送中心有限公司（中百大厨房）。该公司主要以熟食加工、中式面点、西式面点、豆制品加工等为主，定位于中国百姓大厨房，专注于提供高品质生活解决方案。

（2）潍坊瑞福油脂股份有限公司（以下简称“瑞福公司”）。瑞福公司是全国最大的芝麻制品公司，拥有自营进出口权，被授予“中华老字号”，该公司的小磨香油是全国唯一一个集中华老字号、绿色食品、中国驰名商标于一身的香油品牌。

（3）潍坊紫鸢牧业发展有限公司（以下简称“紫鸢牧业”）。紫鸢牧业以牛奶、羊奶加工为主，是潍坊市最大的乳品加工企业，建有牧场5处，奶牛、奶山羊养殖基地30个，其主要产品有鲜牛奶、羊奶、酸奶、酸奶饮料等50多个品种。

（4）潍坊风筝面粉有限责任公司（以下简称“风筝面粉厂”）。风筝面粉厂拥有面粉生产线、挂面生产线。公司生产设备精良，工艺技术先进，检测手段完备。

（5）佳乐家。隶属山东潍坊百货集团股份有限公司，是以经营食品、日用品为主，集购物、休闲、餐饮、娱乐于一体的大卖场连锁机构。

二、活动目标

食物是人们生活的必需品。在探究“营养与健康”主题时，学生走进了十甲农贸市场，见到了丰富多样的食物，也切身感受了从食材到食物的过程。活动结束后，学生又产生了新的疑问：这些简单的食材是怎样做出来的？大批量的食品加工是怎样完成的？为此，我们决定让学生带着这些问题走进食品加工厂，开展实地考察，从而使学生增长知识，开阔视野，了解工业生产在生活中发挥的巨大作用。

1. 知识目标

通过参观、访问、讨论、交流，了解食品的加工过程，懂得日常生活与工业发展的密切关系。

2. 能力目标

（1）在探究过程中，体会工人工作的辛苦，珍惜他们的劳动成果，尊重他们的劳动。

（2）了解各种食品的加工制作过程及应注意的问题。

（3）亲身体验，提高基本的生活自理能力、交往协作能力、观察分析能力、动手实践能力，培养对知识的综合运用能力和创新能力。

（4）能系统地记录活动过程，培养写作能力。

三、活动准备

1. 成员分工

在走进食品加工厂之前，学生对食品加工过程有过简单的了解，但是并不深入。所有家族分为五组走进不同的食品加工厂，各家族需要合作制订参观计划，每个人都带着不同的任务，因此每个学生都能参与进来。

一年级学生：提醒家族成员按要求着装。

二年级学生：问询、查找路线。

三年级学生：领取活动经费，负责财务管理。

四年级学生：探究外出礼仪，照顾好学弟学妹。

五年级学生：家族活动总指挥，指导、审核、检查家族成员的任务完成情况。

2. 前期准备

各家族在家族老大的带领下做相应的前期准备。首先，熟悉家族成员，制订外出规则（包含相应的处理措施）。其次，领取活动经费。最后，各家族根据兴趣选择活动地点，提前查阅相关资料或咨询他人，了解活动地点的情况。

四、活动实施

第一阶段：活动准备

各家族确定好自己的活动地点后，在家族老大的带领下破译“出门密码”，明确出行路线、成员分工、出行安全和出行礼仪。

各家族把探究手册铺在地上，聚精会神地看着、讨论着。由于各个家族的问题不一样，所以也不用担心自己的“成果”会被别人“偷听”。

润泽家族选择的活动地点是风筝面粉厂，出发前，家族成员针对出行方式、路线进行了热火朝天的讨论。小鼎认为最快捷的出行方式是坐出租车：“我们可以坐出租车去，这样既方便，又能快速到达。”他的建议得到了几个家族成员的认同，但小顺提出了质疑：“我们不能乱花钱，如果坐出租车的话，我们几个人需要两辆车，那样交通费用就太高了，而我们的活动经费一共才 68 元。”最后大家统一了意见——乘坐公交车去。

接下来的问题就是坐哪一路公交车，在什么地方上车，在什么地方下车。

朝阳说："我们可以上网查询高德地图。""好主意！好主意！"大家异口同声地喊起来。而这时，已经有不少家族破解了"出门密码"，纷纷出门了。

"要加油啦！"8:30，在家族史官的认可下，润泽家族终于走出了校门，家族成员纷纷感慨："出门真不容易呀！以后我们要提前想好一切可能出现的问题，争取第一个出门！"

爱因斯坦说："发展独立思考和独立判断的一般能力，应当始终放在首位，而不应当把获得专业知识放在首位。"

养成独立思考的良好习惯，能帮助学生发现新知识，使学生走向成功。独立思考的人，是不唯书，不唯上，非常自信的人。古希腊哲学家赫拉克利特说过："博学并不能使人智慧。只有在学习和生活中善于独立思考，才能开出智慧的奇葩。"在学习上独立思考，其实质就是在学习知识的过程中要经过自己头脑的消化。当然，在学习的过程中，有些机械的记忆和模仿是必要的，但最终要变成自己的东西，还是要经过自己的一番思考。

第二阶段：活动开展

活动方案制订好后，就进入到实施阶段。在实施过程中，各家族成员需要完成以下三个步骤。

（1）深入各食品加工厂，收集资料。

（2）在家族内交流收集的资料。

（3）在家族间交流收集的资料。

中百大厨房

在前期讨论阶段，阳光家族对一日三餐的食材和制作过程比较感兴趣，因此他们决定参观中百大厨房。

阳光家族的问题：我们一日三餐所需的食品中，哪些是新鲜的、健康的？它们是怎么制作出来的？

［任务一］参观物流配送中心

到达中百大厨房后，阳光家族成员围在一筐又一筐的新鲜水果、蔬菜前，你一言我一语地讨论着：蔬菜是如何从田间地头来到家中的厨房并进入我们肚子里的？

涵哲说："蔬菜和水果都是农民伯伯在地里种出来的，他们收获后再运到城市里，他们很辛苦的！"

宇轩则有不同的想法："你说的那都是以前种蔬菜的方法，我去寿光蔬菜博览会参观的时候看到蔬菜都是长在营养液里的。"

还有学生说："农村的蔬菜长在土里，城市的蔬菜长在营养液里。"

学生们的想法多种多样、千奇百怪，意见总是不能统一。最后，子云建议："中百大厨房不是有送菜的叔叔阿姨吗？我们可以问问他们，这样不就都明白了吗？"

参观果蔬分拣区

"好主意！"家族成员在家族老大和讲解员叔叔的带领下，走向了他们的第一站——物流配送中心。

物流配送中心是中百大厨房的农产品集散地，在这里，家族成员首先了解了水果、蔬菜的运输过程。然后，在讲解员叔叔的带领下观看了宣传片，宏观了解了中百大厨房。接下来，大家穿行于果蔬暂存库，直观感受蔬菜、水果的丰富。最后，大家驻足听叔叔阿姨讲解果蔬分拣过程，了解水果、蔬菜是如何从田间地头来到家中的厨房并进入人们的肚子的。

[任务二] 参观食品加工中心

从简单食材到复杂的食物，是一个奇妙的过程，学生们对此非常好奇，围在工作人员身边不停地问："叔叔，这些香肠是怎么做出来的？""阿姨，馒头是怎么制作的？"……中百大厨房的工作人员都耐心解答，并带领大家参观食品加工中心，一起探寻食物制作的奥秘。

进入食品加工中心前，工作人员为学生们准备了卫生鞋套和头罩，然后带领学生们进入消毒间，让学生们了解食品加工过程中的无菌消毒、安全生产等知识。接着讲解员叔叔带领学生们观看肉制品加工设备，给他们讲解香肠的加工过程；带领学生们观看卤煮大锅，分析其加热原理；带领学生们观看制作馒头、面条等的现代化流水线，给学生讲解与其日常生活更为贴近的食品加工知识。

在学习、探索的过程中，学生们开动脑筋，完成信息的大搜索。

我了解到香肠的加工过程：____ ____ 我了解到卤煮的加热原理：____ ____ 我了解到馒头的加工过程：____ ____

在参观过程中，学生们真切地感受到中百大厨房“源头可追溯、过程可监控、品质有保证”的发展理念，真切地体验了安全、新鲜、健康、品质高食品的生产过程。学生们发出一声又一声的惊叹，惊叹技术的先进，惊叹科技力量的强大，同时也了解到食品加工的不易，认识到要更加珍惜粮食。

［任务三］参观质量检测中心

食品安全是重中之重，因此学生们对食品质量检测方面的知识非常关心，在观看肉制品加工的时候，有学生面露疑色：“叔叔，你怎么保证做出来的香肠是安全的呢?”于是工作人员带领他们参观了质量检测中心。

首先，由专业技术人员讲解各种检测设备，使学生们了解工作人员是如何进行食品质量检验的。其次，专业技术人员为学生们演示酸碱滴定实验，当试管中液体的颜色发生变化时，学生们发出了阵阵惊叹声。在学生们的幼小心灵中，科学探索的大门从此被打开。最后，专业技术人员带领学生们参观现代化质量检测设备，让学生们进一步体会中百大厨房对产品质量的严格要求。

其间，学生们完成了以下任务。

哪些食品需要进行质量检验? 酸碱滴定实验中，____________________情况会变成红色，__________ ____________________________情况会变成绿色。

通过参观，学生开阔了视野，明白了一种食物从加工到售卖过程的不易及工作人员的辛苦。

［任务四］学习“大馒头找妈妈”课程

这一活动旨在通过幻灯片带学生追根溯源，了解从麦种到馒头的过程，古今对比，寻找大馒头的“妈妈”，使他们进一步认识五谷杂粮，培养他们珍惜粮食、不偏食、不挑食的好习惯。

这一活动给学生们的任务是：请家族成员根据“大馒头找妈妈”的课程讲解，结合自己今天的参观过程，将所见所闻所感写出来，和大家一起分享研学心得。

瑞福公司

在看到这次活动中有生产小磨香油的瑞福公司这个参观场所时，梦凡同学不禁唱起了歌谣：“小老鼠，上灯台，偷油吃，下不来。”并坚定地认为歌谣里小老鼠偷的是香油，家族里其他成员对此产生质疑：“那不是香油，那是灯油。”眼见双方争论不休，家族老大说：“那我们就去瑞福公司参观吧！”

［任务一］了解瑞福公司

既然要参观瑞福公司，那就要先了解它的背景。到达瑞福公司后，家族成员先找到讲解员叔叔，请讲解员叔叔讲解一下瑞福公司的历史背景和企业文化。

通过讲解，学生对瑞福公司的企业文化产生了浓厚的兴趣，并根据探究手册对企业文化做了相关的记录。

企业信念： 企业作风： 最具特色的企业文化： 崔信山是“崔字牌”香油的重要传承人，你知道他是第几代传人吗？

在倾听讲解的过程中，学生们感受到科技对我们的生活有着重要影响，在经济社会发展中扮演着不可或缺的角色。走进瑞福公司，学生感受到其浓浓的企业文化，也体会到了科技带给人们生活的便利。

［任务二］探究芝麻的由来

在到瑞福公司的加工厂实地考察之前，学生对香油做了一定的了解，了解到制作香油的主要材料是芝麻，但是对于芝麻的品种、组织结构、哪些部位可食用等了解得不够全面。来到加工厂后，学生向讲解员叔叔咨询了芝麻的相关信息，了解到芝麻又名胡麻，还掌握了真假黑芝麻的鉴别方法，并进行了真假黑芝麻的鉴别，学生纷纷表示自己又学会了一项技能。

项目	染色黑芝麻	天然黑芝麻
外观		
气味		

精选后的芝麻里会夹杂不同颜色的芝麻，因此要进行色选，色选机利用________原理，做到黑白分明。

挑战一下：请将芝麻植株分解图绘制在下面。

［任务三］健康饮食我知道

最后，在讲解员叔叔的详细介绍下，学生对芝麻的作用有了更加深刻的了解，家族齐心协力完成了探究手册。

1. 芝麻酱是香油渣吗？
2. 香油可以炒菜吗？
3. 香油的用途与功效：

请你列出 6 条香油的保健功效：

4. 你知道的油渣处理方法有哪些？
5. 有关香油的民间谚语及习俗有哪些？

紫鸢乳业

随着经济的发展和人民生活水平的提高，各种乳制品成为人们生活中的一部分。随着消费者口味、需求的不断变化，国内乳制品也在不断地更新换代，功能变得越来越多样化。那什么样的乳制品才是优质的呢？对紫鸢乳业的探索之旅将会解决这些问题。

［任务一］问题与思考

学生对牛奶并不陌生，几乎每天都会喝。虽然每天都喝，但是学生对于“为什么需要喝牛奶？牛奶分为哪些种类？各类乳制品分别适合在什么温度下保存？”等问题还存在一些疑问。因此，他们决定踏上对紫鸢乳业的探索之旅，了解牛奶及奶制品的加工、储藏及其对人体健康的作用。

在参观过程中，讲解员叔叔提出了一个问题：“酸奶饮料是酸奶吗？”

小卓认为：“酸奶是牛奶做的，而酸奶饮料是饮料，不是酸奶。”她的观点获得了大部分同学的支持。

小谦认为：“酸奶饮料是酸奶，因为都是用牛奶做的。”他的观点也获得了一部分同学的支持。

双方各持己见，认为自己的想法是正确的。最终讲解员叔叔给出了正确答案：“酸奶饮料不等于酸奶。”

“耶，我们回答正确了！我们太厉害了！”回答正确的学生手舞足蹈。而回答错误的学生脸上露出失望的神色，并且表示不服气，请讲解员叔叔给大家解惑。

从讲解员叔叔的讲解中大家了解到，酸奶是由优质牛奶经乳酸菌发酵而成，本质上仍属于牛奶，而酸奶饮料只是饮料的一种。紧接着，讲解员叔叔又提出一个问题：“它们有哪些区别呢?”这次学生们答不上来了，都开始向讲解员叔叔请教。讲解员叔叔并没有直接给出答案，而是对他们说：“接下来我们还要参观其他地方，大家可以一起寻找答案。”

［任务二］牛奶的奇妙变化

在参观完紫鸢乳业后，学生们对牛奶有了新的认识，也打开了科学世界的大门，并针对“如果在牛奶中加入醋、啤酒、食盐、柠檬汁等会发生哪些变化？会产生哪些影响？我们应该如何正确饮用牛奶?”等问题做了相关实验，学习了更多关于牛奶的知识。

物质	与牛奶混合后的现象	我得到的启示
醋		
啤酒		
食盐		
柠檬汁		

风筝面粉厂

民以食为天。在当今社会，随着人们生活水平的不断提高，“吃”被赋予了独特的文化内涵。人们不仅要吃得饱，还要吃得好。面食如馒头、水饺，历来是中国北方地区的主食。面食主要由面粉制成，那你知道面粉是怎样做成的吗？今天就让我们走进面粉加工厂，了解面粉的加工过程。

［任务一］了解面粉的起源——小麦

馒头、面条、油饼等都是我们的日常主食，这些主食的主要制作材料是面粉。有几个家族决定参观风筝面粉厂。

风筝面粉厂

学生们在参观风筝面粉厂之前，已在家族老大的带领下制订了相关的活动方案，并明确了任务：一年级学生了解小麦的样子，二年级学生明确小麦的播种与收获时间，三、四年级学生则探究小麦的质量、分类，五年级学生带领大家在研学过程中完成探究手册。学生各自带着任务，在家族老大的带领下，共同开启了小麦探索之旅。

［任务二］了解面粉

通过参观，学生了解到，小麦在加工成面粉的过程中会产生一种附带物。学生对此非常好奇，在驻足观看了师傅收集附带物的过程后，向讲解员叔叔提出了他们的疑问："这种附带物是什么？""它是什么形状的？""它是小麦中的哪一部分？""它有什么用途？"讲解员叔叔对他们提出的问题一一做了详细解答。

参观面粉厂

进入操作车间，学生们立刻被自动化机械手臂深深地吸引了，纷纷向讲解员叔叔了解机器人在工厂中的运用，并询问："机器人是做什么的？""它一次能搬运多少袋面粉？""我能不能操作它？"讲解员叔叔解答了学生们的问题，并表示他们学习更多的知识后才可以操作。在操作车间，学生们发出阵阵感叹，感叹现代科技的神奇与便利。

［任务三］制作蛋糕

休息时，讲解员叔叔对学生们提出了一个问题："面粉可以做成哪些食品？"

学生争先恐后地回答：“馒头、面包、蛋糕、点心……”

“那我们最后的挑战任务就是制作蛋糕，谁想尝试一下？”

“我想！”

“我想！”

所有学生都想制作蛋糕，但是材料有限，不能每个人都全程参与，怎么办呢？

家族老大慎重思考后，提议：“我们每个人只参与蛋糕制作的一个环节，这样我们就都能制作蛋糕了。”大家纷纷表示同意，并在蛋糕师傅的指导下开始制作蛋糕。

在蛋糕师傅的讲解下，学生了解到制作蛋糕需要准备的食材，并知晓了蛋糕制作的流程。

首先，蛋糕师傅教大家打发鸡蛋。打发鸡蛋看起来简单，做起来可真不容易，在没有机器辅助的情况下，打发鸡蛋是一项体力活。学生在蛋糕师傅的指导下在鸡蛋中加入糖开始打发，但就是打不出泡沫，打发鸡蛋的学生开始着急了。小俊看到打发鸡蛋的同学体力不支，主动要求帮助他，其他学生也纷纷来帮忙，大家轮流进行打发，鸡蛋很快就打发好了。接下来加入面粉、牛奶和黄油，相较于打发鸡蛋来说，这一步容易多了。在蛋糕师傅的帮助下，学生很快就做好了蛋糕，最后放入烤箱，等待蛋糕出炉。

制作蛋糕

在等待过程中，学生们观看了介绍风筝面粉厂发展史的视频。看完视频后，蛋糕也烤好了。吃着自己制作的蛋糕，一年级的小燃说：“蛋糕太好吃了，但是做起来好难啊。”二年级的小行说：“虽然很难，但我们都有收获！”“是的！”大家相视一笑，心里甜滋滋的。之后学生合作完成了探究手册中的相关任务。

了解蛋糕制作过程：
首先列举出准备的材料，再填写制作流程：

佳乐家 TOP 店

学生们在讨论自己的职业理想时，一年级的小睿说："我想成为一名警察，这样我就能时刻保护别人了。"三年级的小城说："我想成为销售员，因为我喜欢跟别人分享，喜欢把自己认为好的东西分享给大家。"四年级的铭浩说："我想成为大老板，每天都能赚钱。"五年级的家族老大小月提议："那我们去佳乐家 TOP 店吧，在那里我们能体验各种各样的职业。"大家一致通过，决定到佳乐家 TOP 店体验各个岗位。

[任务一] 职业体验

在佳乐家 TOP 店，学生们体验了柜台售货员的工作，他们跟着售货员阿姨一起分门别类摆放货品。面对拿不定主意的顾客，他们进行了详细的产品介绍，没有顾客时还卖力地叫卖。产品卖出去之后，他们收获了满满的成就感。此外，他们还体验了收银员、称重员等的工作。

[任务二] 超市信息大搜索

佳乐家 TOP 店就像一座大城堡，里面有各种各样的宝物等待大家的探索与发现。学生们带着对各种商品的好奇，在工作人员的带领下一起探寻超市商品的奥秘。

在参观的同时，学生们也没有忘记他们的任务，一个个开动脑筋、睁大眼睛，搜索信息，搜索不到的就向超市工作人员请教，尽可能多地了解信息，并确保信息的准确性。

> 请在参观的同时开动脑筋，完成信息大搜索。
>
> 1. "不知火"在什么环境中生长？
> 2. 为什么说山竹来之不易？
> 3. 夏天来了，怎么挑选西瓜？
>
> 思考一下：如何挑选优质的鸡蛋？鸡蛋上面的标签代表了什么？请举例说明。

[任务三] 制作寿司

寿司不仅拥有千年的历史，而且受到世界各地人们的喜爱。

学生对寿司非常感兴趣，纷纷表示想亲自制作寿司。寿司制作看起来很简单，做起来可真不容易。有的学生卷歪了，有的学生米饭撒得不均匀，有的学生做得太大卷不起来。学生们都有些着急了，最后在超市工作人员的耐心指导和学生们的共同努力下，寿司终于完成了。从中，学生们体验到了厨师职业的辛苦与快乐。

第三阶段：活动的总结与交流

各家族参观完食品加工厂后，都回到了学校。虽然很累，但学生们都认为很有意义。下午，是家族讨论时间，各家族先通过不同的形式，在家族内交流参观过程中的收获。然后，家族之间开展总结性交流。交流时，学生们相互提问不同食品加工厂的食品加工过程，相互讨论简单的食物制作过程。

五、活动评价

调查结果要在家族探究手册上反映出来；各家族的全体成员通过讨论或辩论，分享初步的研究成果，并在指导教师的帮助下，完成研究报告。

随后，各家族成员分享自己的感想与收获，然后教师本着客观、公正、多表扬、少批评的原则，对每个家族成员和每个家族的探究过程及结果进行评价。

六、学生收获

学生收获一：今天我们家族参观了紫鸾乳业，学习了牛奶和酸奶的制造过程。叔叔阿姨们都特别好，我们刚到那里就给我们穿上无菌服，让我们体验了制作酸奶的过程。酸奶制作并不简单，发酵的温度有严格的标准，叔叔阿姨们互相合作，严格要求，才制作出酸酸甜甜的酸奶，从中我学到了平时做事要严格要求自己，不能马马虎虎，这样才更容易成功。

学生收获二：今天我们去佳乐家 TOP 店进行探究活动，佳乐家的阿姨为我们介绍了食物里的营养成分，还带我们进行了找食物比赛，有趣极了。以后我要多吃有营养的食物，那样我才能快快长高、长大。

七、教师反思

本次家族活动旨在使学生了解工业生产在我们的社会活动中所发挥的巨大作用，树立珍惜劳动产品、尊重他人劳动成果的意识。

本次活动由教师带领学生到工厂实地考察、体验，活动前，学生通过调查、上网查询、查阅图书等形式收集了有关食品加工的资料，从中培养了资料收集与整理的能力，同时为实地参观做好了准备。在活动中，家族各成员都有自己的任务，既有分工又有合作，大家各展所长，合作完成了本次活动，培养了合作、探究、调查等能力，以及团队合作意识。参观结束后，学生在家族中进行讨论、分享，之后将收集的资料进行分类整理，并在全校汇报交流。在这一活动中，学生开阔了视野，培养了基本的生活自理能力。另外，在本次活动中，学生、教师、家长与社会人员多方参与，实现了资源的有机整合。

八、实施建议

1. 活动时间安排

5 月 22 日前完成家规制订、成员分工、礼仪学习等任务，史官签字。

5 月 23 日申领家族资金。

5 月 24 日8:00 教学楼前集合。

8:10—8:40 完成家族出门任务。

8:40—13:30 家族外出活动。

14:00 返回学校集合。

14:30—16:10 家族分享。

2. 史官职责

（1）安全第一，保证学生一直在自己的视线范围内。

（2）及时记录，可拍照、录像，或文字记录。

（3）学生遇到困难，不能直接告诉、帮忙，要适当引导。

（4）带领学生总结，并对学生的表现给予评价。

（5）不能投机取巧，提前回来，如有特殊原因需提前回来，要安排好学生的活动。

（6）全天跟随学生，如提前完成任务可带领学生在教室内进行总结，并进行记录。

（7）严格把关，对违反规则的学生进行任务处罚，并及时上报。

3. 学生外出规则

（1）准备好各种外出物品。

（2）知道目的地和路线。

（3）懂得外出礼仪。

（4）完成当天的外出资料准备工作。

（5）领取外出经费和探究手册。

（6）按时返校签到。

（7）上交发票。

4. 安全保障：校医、保障中心

准备物品：急救药箱（烫伤药、创可贴等）。

职责：主要负责处理因突发事件引起的学生受伤情况。把学生的生命安全放在首位，如遇突发事件，首先想到的是学生的生命安全，应立即采取措施进行救护。

5. 紧急处理组：家委会紧急救援小组、后勤保障中心

职责：主要负责活动前的安全、环保教育工作，如遇突发事件，负责进行现场指挥、处理。

帐篷边的小厨师

一、活动背景

“同学们，你们做过饭吗？”

“没有。”

“平常都是爸爸妈妈，爷爷奶奶做饭。”

“妈妈从来不让我进厨房，我只负责好好学习就行。”

……

“那你们知道平时吃的蔬菜的价格吗？”

“不知道，我没有买过菜。”

“我知道白菜一元一斤。”

“不知道。”

……

现在普遍存在家长宠溺孩子的现象，家长往往以“爱”为由，剥夺了孩子成长和锻炼的机会。社会实践既是学生提高综合素质的有效途径，也是学生增长知识、才干，正确认识自我、完善自我的渠道。开展有针对性、富有实效的社会实践活动，能让学生亲近大自然，开阔视野，感受生活的多姿多彩；在活动中提高与人交往的能力，培养团队意识，合作精神。于是我们开展了社会实践活动——帐篷边的小厨师。

二、活动目标

1. 知识目标

增加对生活中常吃菜品的了解。

2. 能力目标

（1）培养生存能力，如寻找柴火，选择安全适合的地点进行野炊。

（2）培养制订方案的能力。

（3）培养沟通交际能力，学会与不同的人交流沟通。

（4）能回顾活动前的问题与假设，整理体验后的记录，形成自己的看法或观点。

3. 情感目标

（1）懂得保护大自然，培养热爱大自然的感情。

（2）培养统筹规划的习惯，能有计划、有目的地做事情。

三、活动准备

1. 成员分工

培养学生的使命感，不同年级的学生担任不同的角色。

一年级学生：形象总监，提醒家族成员按要求着装，提醒大家及时喝水，与三年级家族成员一起查找、问询路线。

二年级学生：财务总监，领取活动经费，负责财务管理。

三年级学生：安全员、路线员，负责查找、问询路线，同时负责活动的构思与创意。

四年级学生：礼仪大使，探究外出礼仪，对家族成员进行礼仪培训，协助二年级家族成员进行财务管理。

五年级学生：家族活动总指挥，指导、审核、检查家族成员的任务完成情况。

2. 前期准备

首先，熟悉家族成员，进行成员分工，制订家族外出规则（包含相应的处理措施）。其次，家族财务大使领取活动经费。最后，各家族根据安排的活动地点，提前查阅资料或咨询他人，了解这次活动的行车路线和需要准备的物品等。

四、活动实施

第一阶段：制订计划（校内）

1. 明确外出任务，领取家族资金，制订相关计划，如路线选择、午餐安排等。本次活动地点是寒亭生态园，中午在生态园内吃午餐，午餐食物不得从家中自带，只能利用家族资金购买。

温馨提示：

（1）餐具、厨具各家族自备。（锅、铲、钢丝球、洗洁精、小碗、筷子或叉子、油、盐、酱、醋、水杯或水壶、围裙、小桶、小盆子、帐篷）

（2）生态园中种有无公害、有机蔬菜，各家族可自行采摘，以供午餐所需，付一定费用。

（3）其余食物各家族可根据家族资金自行采购。

2. 各家族检查装备，中午自己生火做午餐。

3. 教师整队，并提前打印好签到表。

4. 发放路线图（包括到达路线、藏宝路线）。

阳光家族制订计划过程：

活动前一天的大课间，阳光家族在老大的组织和带领下，召开会议，讨论确定外出活动所需物品、采摘计划、出行路线。

“老二，快叫家族成员到我们的秘密基地开会！”人员到齐后，老大说：“明天我们要进行野外生存实践活动，大家说说我们应该注意什么？”一年级的家合说：“我知道，我们要带好水杯，过马路时注意安全，小同学要牵着哥哥姐姐的手。”

家族成员商讨外出事宜

二年级的小曦说：“我要提前去领家族资金，换好零钱坐公交车用。”三年级的同学不甘示弱：“我们要提前查好公交车的路线，上公交车的时候，还要注意安全，我们不能在公交车上大喊大叫。在公交车上，我们应该给爷爷奶奶和小朋友让座！”四年级的小东说：“迷路的时候，我们可以问路人。即使别人不知道，我们也要说谢谢！”……

阳光家族的成员热烈地讨论着，旁边的史官适时问几个问题，引起大家的深度思考：“明天我们是在野外做饭，我们的家族币只能用来买蔬菜、鸡蛋和面条等食材，至于做饭用的厨具，大家觉得我们应该从家带些什么呢?”

“我带锅和打火机!”“我带碗和筷子!”“我带油、盐等调味品!”大家争先恐后地说。

在接下来的家族会议中，阳光家族主要针对成员分工、做什么饭菜、遵守哪些规则等问题进行了讨论。每个成员都积极加入讨论。经过协商，最后阳光家族决定吃火锅，并商量了各自要带的东西。

学生通过讨论培养了积极、主动参与活动的意识和团结精神。

第二阶段：进行活动

[任务一] 家族采购

各家族根据家族资金合理采购，要既能吃得好，又不浪费。

学校准备的材料：面条、鸡蛋。

家族成员准备的材料：做饭用的锅，吃饭用的碗筷，炒菜用的油、盐、酱、醋，洗菜用的小桶、盆子等。

[任务二] 寒亭生态园寻宝

学生根据藏宝图，搜寻13个藏宝地点，找到神秘信封。每个信封中包含两部分内容：一是探究性学习内容，二是宝藏（可免费领取的材料）。

宝藏一：免费领取2个鸡蛋。

宝藏二：免费领取1根大葱。

宝藏三：免费领取2个地瓜。

宝藏四：免费领取1根胡萝卜。

……

[任务三] 探究植物

根据探究手册，完成有关蔬菜的常识内容。（胡萝卜、大白菜、山药豆、芹菜、卷心菜、香菜、茄子、大葱）

[任务四] 准备午餐材料

探究完毕，根据家族成员的喜好，在生态园采摘探究植物中的1～3种作为午餐食材。蔬菜一般按棵计费，各家族根据价位表自觉把相应资金投放进钱箱里。

蔬菜名称	价　格
茄子	1元2个
香菜	1元5棵
白菜、卷心菜	2元1棵
大葱、芹菜	1元2棵
韭菜	1元10根
白萝卜	2元1根
西兰花	2元1棵
地瓜、胡萝卜	1元2个
鸡蛋	1元2枚
芋头	1元2个

［任务五］探究如何生火

（1）寻找易燃的引火物，如枯草、干树叶、纸等。

（2）捡拾干柴。干柴要选择干燥的树枝和木块。

（3）清理出一块避风、平坦、远离枯草和干柴的空地。

（4）将引火物放于中间，上面轻轻放上细松枝等，再架起较大较长的木柴，然后点燃引火物。

（5）如果引火物将要燃尽而干柴还未燃起，则应从干柴的缝隙中继续添入引火物，直到干柴燃烧起来为止，而不要重新架柴点火。

［任务六］做饭、搭帐篷

各家族根据所采购物品自行生火做饭，准备午餐。各家族根据家族资金情况可选择租赁帐篷，需付2元租赁费。

［任务七］清理场地

活动结束，及时清理各自场地的卫生。

阳光家族具体活动过程：

第二天早上，阳光家族的成员把自备的物品带来了，栾楠怕大家忘记带碗筷，还带了几套一次性碗筷。她是阳光家族中年龄最小的女生，总是为别人着想。多为别人着想，尽量不给别人添麻烦——这是阳光家族的族约之一。

早上8点，大家早早地到楼前集合。由于阳光家族的成员都准时集合而且特别有礼貌，所以获得了第一个出门的资格。阳光家族排着整齐的队伍，按照老大提前查好的路线顺利地坐上了通往寒亭生态园的公交车。公交车上学生主动给爷爷奶奶让座，礼貌地向叔叔阿姨问好，互相提醒不吵闹。贴心的栾楠还提醒大家坐公交车别忘了要发票。就这样，阳光家族第一个到达了寒亭生态园。

到达寒亭生态园后，走在前面的小琳看到种植的大片蔬菜，不禁大喊起来：“快来看呀！我第一次见到这么多新鲜蔬菜！”大家兴奋不已，高兴地手舞足蹈。“快过来，我们还有任务呢！”老大一语惊醒梦中人。家族成员都过来后，老大根据这次活动的任务进行了分工，大家各自忙开了。准备支锅的时候，老大和老二兴高采烈地回来了。他们俩找到了4个藏宝条，分别是免费获取1棵白菜、免费获取1根大葱、免费获取2个辣椒、免费获取2元代金券。接着阳光家族领取了菜，用2元代金券买了2个鸡蛋和2个地瓜。本着每人1个鸡蛋的原则，又花4元钱买了6个鸡蛋和2个地瓜。就这样，在老大的精心部署下，阳光家族在寻宝环节收获满满，不仅寻得了宝藏，还准备好了生火用的材料。这足见分工协作的重要性。

在接下来的探究植物环节，阳光家族齐心协力很快就辨认出了各种植物，特别是老大和老二，这些植物他俩几乎全都认识，可真是见多识广。

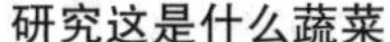

研究这是什么蔬菜

将找到的蔬菜记录下来

让阳光家族最开心的是生火做饭环节，由于分工明确，加之合作默契，他们毫不费力地搭建起了锅灶，火也生了起来。可是，由于锅灶不透风，火很快就灭了。遇到困难想办法，老大到已经生起火的家族中请教了一番，回来后改造了锅灶，最终成功地生起了火。火很旺，很快水就烧开了，老大拿出带来的火锅底料倒入锅中，好香啊！先放白菜，再放地瓜，最后放鸡蛋、面条。阳光家族挑选了一块干净的路牙石作为“餐桌”，大家互相谦让着，一边吃，一边不住地赞叹：“太好吃了！”小琳说：“这是我吃过的最好吃的面条！”其他家族成员也附和着：“我也这样觉得！”“为什么你们会觉得这次的饭特别好吃呢?”“因为这是我们大家共同努力做成的!”学生异口同声地说道。

烧　火　　　　捡柴火

学生们吃着自己动手做的饭菜开心的不得了，最让人感动的是，学生们看到校医和摄像老师都没吃饭，主动给他们盛好送了过去。小琳看到原来的家族成员小琪后，还主动给她盛了一碗，在那一刻她们感受到了分享的快乐。

做事情要有始有终！享受完美食后，大家自觉地将自己用过的碗筷洗好。接着大家开始打扫卫生。刚开始，大家都嫌脏，因为在做饭过程中，有人不小心打碎了鸡蛋，招来了苍蝇，再加上一些菜叶、卫生纸等，没人愿意打扫。面对这种情况，老大带头行动，其他成员看到后也跟着行动起来。“言教不如身教，老大做得好!”阳光家族边清理边反思，老大说：“要是我们一开始就把垃圾放到袋子里，清理起来就轻松多了。”“反思是进步的开始，相信我们下次会做得更好!”不一会儿，阳光家族就把场地清理干净了。

来到休息区，阳光家族开始动手搭帐篷。男生是主力，女生辅助。为给家族省下租帐篷的钱，小东从家里带来了帐篷。学生们有节约意识，宁愿一路背着帐篷，也不舍得花钱租赁，真让人感动！齐心协力搭好帐篷后，学生们彻底放松了！财务总监趁机整理资金，备好返程时坐公交车要用的零钱，整理好账目表，准备回校后交给学校财务报账。其他家族成员惬意地谈论着……

这次社会实践活动，学生既动手又动脑，培养了合作精神，让人感到骄傲!

第三阶段：总结反思

家族内反思：在活动中遇到了什么困难？遇到了什么样的挑战？在活动过程中学到了什么？遇到了什么样的紧急情况，是怎么处理的？在礼仪方面和人际关系方面有什么样的收获？

在总结反思过程中，学生各抒己见，积极发言，交流收获，反思不足。

五、活动评价

各家族总结反思完毕，学校统一组织学生进行反思交流。每个家族成员都要在全体师生面前分享自己的感想与收获，评委老师本着客观、公正、多表扬、少批评的原则，对每个家族成员的活动表现和每个家族的探究结果进行评价。学校根据评委老师打分评出一、二、三等奖，并发放家族币作为奖励。

评价标准 / 家族成员	活动参与度 ☆☆☆	礼貌礼仪 ☆☆☆	服从指挥 ☆☆☆	感想反思 ☆☆☆

六、学生收获

学生收获一：通过这次活动，我们都得到了成长。活动中虽然困难重重，可是大家都没有放弃。虽然很晚才吃中午饭，大家都饿坏了，但我们都很开心！我喜欢和大家在一起做有意义的事情，这让我们的心更近了。在这次活动中我学会了担当，更学会了包容。

学生收获二：我们信心百倍地出发，大家都认为自己很厉害，很会做饭。可是，到了地方，真正做起来时才发现做饭比我们想的难多了。我们租了两个帐篷，搭了很久才搭好。搭完帐篷后，其他家族已经把柴火分完了，我们没有柴火，只能自己去捡，可是捡的柴火怎么也点不着。真的是心力交瘁啊！不过最后还是成功了，这个过程让我们记忆犹新，对于我们来说是一笔宝贵的财富。

学生收获三：看到其他家族都在那里开心地吃饭，我们却还饿着肚子，真让人着急，可是我们不能放弃。大家一起讨论如何生火，经过努力，最终生好了火，吃上了美味的火锅。通过这次活动，我知道了爸爸妈妈做饭的不容易，以后我再也不挑食了。

七、教师反思

"帐篷边的小厨师"实践活动，是让学生尝试野外生存的第一步。通过这次活动，学生学会了寻找柴火、选择安全适合的野炊地点；不仅了解了日常的菜品，还学会了自己生火、做饭，增强了环保意识和爱护大自然的意识，感受到家族的温馨和谐；学会了规范自己的行为，感受到分享的快乐，培养了团队合作意识和吃苦耐劳的精神；懂得了感恩，知道我们现在所拥有的生活来之不易，懂得了珍惜。虽然学生还有许多做得不好的地方，我相信改错的过程就是进步的过程，让学生在体验中不断成长是我们不懈的追求。

八、实施建议

1. 注意事项

（1）午餐由学生自行解决

（2）如果哪个家族有违规现象，则该家族停止活动并进行反思。

（3）家族活动过程中的记录、照片、录像等资料，活动结束后及时上交质管中心。

（4）活动结束后，及时整理资金，上交发票。如本周内未完成，学校银行将根据规定收取利息。

（5）见人鞠躬问好，离别行再见礼。

（6）问询时，细心聆听，目视对方，不私下议论。

（7）要有礼貌，不随便打断别人的话。

（8）活动结束要清理垃圾，要注意公交车礼仪等。

（9）家族账单如超过2个工作日未上交，需缴费2元，超过3个工作日未上交，缴费5元。

2. 活动当天时间安排

8:00 教学楼前集合，开始任务。

约10:00 到达寒亭生态园。

约12:30 完成活动任务，开始午餐。

约15:30 返校，家族自行安排时间，前往秘密基地整理资料。

16:00—17:30 到四楼多媒体教室进行汇报。

3. 史官职责

（1）带队，注意学生安全，全程跟踪。

（2）不能直接告诉学生完成任务的方法，不能帮忙，可以引导。

（3）记录活动的全过程，可拍照（自备相机）。

（4）对学生的活动过程进行监督，对违反规则的学生进行任务处罚，并及时上报总指挥。

4. 医疗保障

主要负责处理因突发事件引起的学生受伤情况，如有突发事件要立即报告办公室领导，并拨打 110 或 120 处理。把学生的生命安全放在首位，如遇突发事件，应立即采取措施，进行救护。

5. 安全保障，后勤应急

主要负责整个活动的安全、环保教育工作，如遇突发事件，负责现场指挥。

第四章 体验财商，让学生尝试挣钱、花钱

传承好家风，共圆中国梦

——大型公益拍卖画展

一、活动背景

为庆祝即将到来的六一国际儿童节，潍坊高新金马公学开展了以“传承好家风，共圆中国梦”为主题的大型公益拍卖画展。本次拍卖画展以家族为单位设立拍卖摊位，拍卖位置的选择依据作品得票数量而定。这又一次体现了我校“学长制·家族式”管理模式对学生综合素质提升起到的重要作用。

二、活动目标

1. 知识目标

（1）知道钱是从哪里来的，钱能做什么。

（2）培养正确的金钱观、消费观。

2. 能力目标

（1）培养创新能力、统筹安排能力和表达能力。

（2）初步懂得合理分配、使用、管理金钱。

三、活动准备

1. 每个家族准备的作品数量不少于30幅，形式不限，必须是自创作品，可以是国画、儿童画、版画、手工作品、书法、剪纸、摄影等。家族成员分好工，明确每位成员要完成的作品数量和形式。

2. 每个家族上报5幅优秀作品，作为公益拍卖的首选作品，通过学校微

信平台公开选票，选票最多的前 30 幅作品作为当天的拍卖精品。各家族须在 5 月 18 日前上交作品电子版，标注班级、姓名、形式、作品简介等，发送给李沙老师。

3. 拍卖地点由家族自行选择，选择的顺序由本家族作品得票数量决定。

4. 5 月 16 日，各家族派代表到二楼美术教室取回自己的作品，在班级内存放，同时利用拍卖前的时间进行装裱、装饰，可以向他人寻求帮助。

5. 明确拍卖当日的活动流程：①各家族选定展台，并进行创意布置；②现场艺术素养展示（现场作画、手工制作等）；③现场拍卖。

四、活动实施

随着人们生活水平的提高，很多家庭在孩子身上都很舍得花钱：喜欢某个玩具，买；喜欢某件衣服，买……导致现在很多孩子都没有金钱观念。为此，学校组织了这次以家族为单位的“传承好家风 共圆中国梦”大型公益拍卖画展活动。本次活动除了让学生展示自己的绘画、手工等基本技能外，还注重使学生树立正确的财富观，养成良好的消费习惯，学习理财和投资技能。此外，“学长制 · 家族式”管理模式还注重提升学生的创新能力、组织能力、表达能力、写作能力等综合素质。

公益拍卖画展，是一种通过拍卖自己和家族成员创作的作品的方式进行的公益性活动。每个家族可以准备什么样的作品进行拍卖？怎样装裱才能在拍卖时更吸引人？拍卖展位如何设计才能与众不同？谁负责讲解？家族成员如何分工？……这些关于公益拍卖画展的基本问题，多数小学生想都没有想过，更不用说确切地给出答案了。对小学生来说，这无疑是很大的挑战。让我们去看看启航家族在活动中的表现吧。

第一阶段：活动准备

准备拍卖作品，我们能行！

5 月 16 日上午 9:30，在学校操场召开了家族会议，李老师宣布了一个好消息：8 天以后——5 月 24 日举办小学部公益拍卖画展。听到这个消息，启航家族的成员们都乐开了花。想到自己的书画作品也会有人喜欢，也能卖出去，大家都无比期待。李老师继续向大家宣读拍卖要准备的事项：每个家族要在 5 月 18 日前准备好 30 幅以上作品（作品形式不限），拍成照片标上自己的姓名，以家族名命名文件夹，交给李沙老师汇总；每个家族要评选出 5 幅精品，由郑老师主持在微信平台进行网络评选……

家族会议结束后，启航家族迅速回到自己的秘密基地开始制订计划。老大说：“我们首先要做的是准备好各自的作品。李老师说每个家族在第一阶段要准备30幅以上的作品，咱们多准备点，这样更有胜算。我们共有6人，每人准备6幅，共36幅，怎么样？”

老四说：“我喜欢画画，家里有很多作品。我可以多交几幅吗？”听到老四这么说，其他人也争先恐后说道：“我也有很多。”“我也有。”这时老六有点为难地说：“我没有那么多幅……”老三不慌不忙地说：“没事，我们交的已经很多啦，你少交几幅没关系！”老大一边听一边计算着：“有点乱啦，等我拿张纸记一下，我有7幅……算出来啦，共41幅。”“哇，好多啊！”家族成员高兴地说着。“我觉得我们的作品要有多种形式才更有优势！”在一旁的老二说话了，原来她刚才一直没说话是在想这个问题。老二是个文静的女孩，善于思考，总能抓住事情的关键。大家都觉得她说的有道理，纷纷响应：“对！”“我有版画、儿童画。”“我有剪纸。”……老大把启航家族每位成员要准备的画的数量和形式都详细地记录了下来。“不要忘记要把我们的画装裱好，拍成照片，放在一个文件夹里，文件夹以家族名命名，5月18日前交给李沙老师。”史官嘱咐道。“史官，我们记住啦！”“好的，史官。”

5月20日评选结果出来了。“我们家族入选了35幅作品，排在了前几名！”老大兴奋地说着，家族成员听到这个好消息都做出了一个胜利的手势。“我们还要做什么才能更吸引顾客呢？”老五迫不及待地问道。一听这话，学生们都陷入了沉思……这时老二似乎想到了什么，对大家说：“我们可以每人带一张照片来，再想一句推介自己和自己作品的话。”“嗯，是个好主意！把这些做成一张手绘海报吧！”“我带装饰材料来。”……大家的“话匣子”就这样打开了，你一个想法、我一个提议地设计着如何在当天的画展中吸引更多的顾客……

学生作品——扇子

这一个个小小的身影，在向我们证实着“我们能行”！

在拍卖活动的前期准备中，学生们积极地把自己的作品拿出来做公益拍卖，他们无私奉献的精神在整个团队中传承着。此外，学生在准备工作中激发了经商头脑，学到了在课本上学不到的经商之道。

第二阶段：活动开展

团结起来，1+1>2！

这天终于到啦！启航家族的每一位成员都穿着整洁的校服来到学校教学楼前的操场集合，他们手里拎着大包小包的材料，脸上乐开了花。因为前期作品评选排名靠前，所以启航家族可以优先选择展位。

布置展位

老大让大家先把材料放好，然后开始商量哪个展位更好，布置展位时怎么分工……

马上轮到他们选择展位了，老大召集大家站好队。当老师点到启航家族时，他们赶紧向老师报出心仪的展位，并领取资金、展棚、桌子等。由于展棚较大，几个人一直搭不好，急得满头大汗，于是大家商量着邀请外援老师来帮忙。邀请外援老师的任务就交给家族中最小的成员了，他将哥哥姐姐“要注意礼仪，这样成功率会更高”的嘱咐铭记在心，很快就请来了两位老师帮忙。有了老师的帮助，他们很快就搭好了展棚，他们鞠躬向老师表示感谢。

之后就开始布置了，学生带来的材料可要上场了。老二字写得好，所以由她和老五一起制作宣传海报，老二一边做一边教老五，两人配合得很有默契；老大和老三搬来画架，摆放好位置、调整好高度，方便展示家族的作品；老四和老六负责往画架上摆放作品。大家齐心合力，40分钟后展位布置妥当。因为准备充分，作品的介绍和拍卖价格详尽，启航家族的展位吸引了很多人，大家可高兴了。

接下来要进入现场创作环节了，每个成员都拿出了自己的“绝活”，画的画，剪的剪，捏的捏，正做得热火朝天，突然刮来一阵大风把家族中的几个画架吹倒了，画框摔坏了，还有一个画框砸在了老五正在捏的彩泥作品上。老五被这突如其来的情况吓一跳，看到彩泥作品被毁急得哭了起来。其他几个人也不知所措：这下坏了，画框摔成这样谁还会买？大家沮丧极了！有人开始埋怨：“你们怎么没有固定好画架啊，画都摔坏啦！”

史官见到这样的情况没有先安慰他们，而是召集他们一起先把完好的作品用胶带固定在画架上，至于摔坏的画框，能修的修好，修不好的拆下来，用彩纸做成画框把画装饰一下。大家又忙碌起来。

看着修复好的一个个作品，大家脸上又露出了笑容。在这一过程中，其他家族的成员纷纷来帮忙，在这种团结互助的氛围下，他们慢慢恢复了信心，继续投入创作，并在规定时间内完成了现场创作。

在接下来的拍卖环节，启航家族的讲解富有情感，打动了顾客，获得了不错的拍卖成绩。他们用拍卖挣来的钱购买了公益组织编织的工艺品，献出了他们的一份爱心。

售卖作品

总结这次拍卖心得时，学生们说出了很有感触的话：“我太喜欢这种公益拍卖画展了。我最开心的事是爸爸妈妈还有校长都来到我们的摊位，了解了我们画画的过程，不但夸奖了我们，还购买了我们的作品！我们还为其他公益组织献出了自己的一份爱心。”“我们在布置展棚时遇到了困难，在画框被毁坏时灰心丧气，甚至埋怨别人，但我们没有放弃，我们一直在努力。在这个过程中我们懂得了团结和相互帮助的意义，体会到了收获的来之不易。谢谢学校和老师给了我们这样一次活动体验的机会！”

相信学生深深体会到了团结起来就会实现 1 +1 >2 的效果！

通过这次公益拍卖画展，学生不仅锻炼了绘画能力、表达能力，明白了团结就是力量的道理，还体会到了挣钱的不易，奉献了爱心。尤其让老师欣喜的是学生有了“金钱”的概念。

五、活动评价

公益拍卖画展活动结束后，各家族在老大的带领和史官的协助下整理好各自的展位和作品，家族财务总监整理家族资金……大家都露出了满足的、自豪的笑容。

各家族收拾好后，全体成员到学校多媒体教室分享自己的感想与收获。观察员老师对每个家族成员在拍卖过程中的表现等进行评价。

评价标准 家族成员	活动参与度 ☆☆☆	礼貌礼仪 ☆☆☆	服从指挥 ☆☆☆	感想反思 ☆☆☆

六、学生收获

学生收获一：我太喜欢这次的公益拍卖画展活动了。活动开始后，李老师给我们讲了如何布置展棚，我对我们家族布置的展棚特别满意。下午爸爸妈妈来参加我们的活动时，购买了好多同学的优秀作品。我们用挣到的钱买了公益组织编织的工艺品，献出了我们的一点儿爱心。今天最让我开心的就是校长也来到了我们的摊位，了解了我们的画画过程，并夸奖了我们。

学生收获二：将我们自己的作品展览、竞拍，实在太有趣了，优秀的作品实在太多啦！在现场创作环节我们遇到了困难，有的画因为时间关系只画了一半，还好有其他家族的同学来救场，让我感受到了浓浓的友情。

学生收获三：今天我做了一回小小讲解员。谢谢学校给了我们这样的活动机会，让我既可以表达自己的想法，也可以帮助他人，献出自己的一份爱心。

七、教师反思

一分辛苦，一分收获。

家族活动虽然开展的时间不长，但这些活动不仅丰富了学生的课余生活，使学生增长了见闻，开阔了视野，还磨炼了学生的意志品质。在礼仪、规则和合作沟通等方面，每个学生都有很大收获，同时也在生活自理方面得到了锻炼，为今后自立于社会打下了基础。同时，教师也在活动中认识到学生在生存能力培养方面的不足，这为今后开展更适切的教育教学提供了依据。让我们用真诚的关爱辅导、陪伴学生度过一次又一次难忘的课外体验活动吧！

八、实施建议

1. 活动当天时间安排

5 月 16 日前完成美术作品，进行家族分工、学习活动相关礼仪等。

5 月 18 日收集家族作品，进行选拔。

5 月 24 日8:00—11:30 教学楼前集合，分展位，搭展棚。

14:00—14:30 举行公益拍卖画展开幕式。

14:30—16:00 家族装饰展位，装裱作品，拍卖作品，购买公益品。

16:00—17:00 家族整理展位和作品，分享活动收获。

2. 史官职责

（1）安全第一，随时保证学生在自己的视线范围内。

（2）及时记录，可以拍照记录（自备相机）。

（3）当学生在活动中遇到困难时，不能直接告诉他们如何解决或上手帮忙，但也不能不理不睬，要适当引导。

（4）带领学生针对活动进行总结，并对学生进行评价。

（5）不能提前离开，如确需提前离开，要保证学生后面的活动能正常进行。

（6）严格把关，对违反规则的学生进行任务处罚，并及时上报。

3. 学生活动规则

（1）准备好活动物品（校服、水杯等）。

（2）明确拍卖活动的分工。

（3）懂得活动礼仪。

（4）准备好当天的拍卖作品和装饰材料。

（5）按时完成活动、整理展位。

（6）积极分享活动心得。

4. 安全保障：校医、保障中心

准备物品：急救药箱（烫伤药、创可贴等）。

职责：主要负责处理因突发事件引起的学生受伤情况。把学生的生命安全放在首位，如遇突发事件，应立即采取措施，进行救护。

5. 紧急处理组：家委会紧急救援小组、后勤保障中心

职责：主要负责整个活动的安全、环保教育工作，如遇突发事件，则进行现场指挥。

学会生存，成就自我

——生存体验活动

一、活动背景

生存及财商教育是当今社会广泛关注的话题。1972 年联合国教科文组织国际教育发展委员会在《学会生存——教育世界的今天和明天》中提出了 21 世纪教育的口号——学会生存，将学会生存作为当代教育改革与发展的重要任务。在当今的市场经济时代，理财能力也是一种生存能力。基于此，我校立足于培养学生的生存能力及财商，组织了本次家族活动。

本次家族活动，学校提供以下几个地点供家族选择。

潍坊谷德广场，是潍坊市民购物、休闲、娱乐的场所。广场内业态丰富，名品云集，消费观念前卫，不仅能满足顾客的购物需求，而且能满足人们休闲、娱乐、健身、餐饮和文化等多层次、复合型的消费需求。

潍坊市人民公园，始建于 1951 年，原以观赏动植物为主，是一所封闭式管理的市级公园。为适应城市的发展，进一步提升人民群众的文化生活品质，2004 年，市委、市政府决定对人民公园进行改造。改造后，该公园成为集休闲、娱乐、健身、观赏等于一体的开放式公园。

学校周边有公共自行车站点。这些自行车站点是根据城市公共交通规划布设在地铁出口、社区大门口、旅游景点等人流集中区域的租赁站点，每个站点配置 20 ~ 50 辆公共自行车，在解决城市交通“两难”、公交“最后一公里”、缓解大气污染、促进全民健身方面起着不可或缺的作用。

潍坊市植物园，始建于 2007 年，总占地面积约 46 万平方米，主要包括观赏树木区、水生植物区、岩石园、盆景科普园四大景区。

二、活动目标

1. 能通过访问、头脑风暴等形式，想出达成目标的途径和方法，提出各种可能会出现的问题，讨论解决方法。

2. 能通过问询、查看交通线路图来选择有效的交通工具到达目的地，培养沟通能力及遇事理性分析、自主解决的能力。

3. 能运用小报、影展、绘画、演讲等多种形式呈现自己在体验活动中的感想、感悟。

三、活动准备

1. 明确活动要求

（1）每个家族根据自身情况选择任务（第一个任务未完成，则不能开始第二个任务），家族协作完成所选任务。

（2）完成任务所得资金，用以充实家族资金，由本家族自由支配，午餐由家族自行解决，需要照顾好家族的史官。

（3）四个活动地点，由家族商讨选取。

（4）如果到 11：30 仍未挣到足够资金进行午餐，则回学校求助。

2. 成员分工

本次活动与平时单纯的游玩不同，采取闯关的形式进行，因此，需要家族成员合作完成。每个家族成员都有不同的任务，每个学生都要参与进来。在家族老大的带领下，共同制订活动计划。

一年级学生：提醒家族成员按要求着装。

二年级学生：问询、查找路线。

三年级学生：财务总监，领取活动经费，负责财务管理。

四年级学生：礼仪大使，探究外出礼仪并对家族成员进行礼仪培训，照顾好学弟学妹。

五年级学生：家族活动总指挥，负责指导、审核、检查家族成员的任务完成情况。

3. 前期准备

出发前，在家族老大的带领下做相应的前期准备。首先，熟悉家族成员，确定成员分工，制订家族外出规则（包含相应的处理措施）。其次，领取活动经费，由财务总监领取并进行管理。最后，各家族根据学校提供的活动地点，提前查阅相关资料或咨询他人，确定家族本次活动的地点。

四、活动实施

第一阶段：活动准备

1. 以家族为单位领取本次活动的探究手册。

2. 根据探究手册，召开家族会议，预测本次城市生存体验活动中的任务。

3. 讨论：进行体验活动时需要注意什么？需要做哪些前期准备？参观时携带什么物品？活动中可能遇到哪些问题，该如何解决？

第二阶段：活动实施

任务名称	地点	要求	备注
销售达人	谷德广场永和豆浆店	领取并成功售出报纸，获取奖励资金。	《国际花苑校报》免费领取；《齐鲁晚报》只收成本价 0.3 元/份，售价自定，全员参与，利润归家族共有。
最强大脑	人民公园	限时记忆所选材料或限时答题，获取奖励资金。	15 分钟记忆或答题，完成后可获得 15 元，全员参与。
爱心·体力的交融	学校周边公共自行车站点	清洁、整理公共自行车，获取奖励资金。	根据完成情况，可获得 6 ~ 10 元奖励。
落叶重生	植物园	在植物园内利用落叶进行创作，然后拍卖作品，获取家族资金。	利用落叶进行创作，材料免费领取，根据作品质量及创意，每份定价 5 ~ 30 元不等。

谷德广场——销售达人

任务小贴士：家族可通过各种方式到达谷德广场永和豆浆店，领取《国际花苑校报》20 份（免费领取）、《齐鲁晚报》20 份（以成本价 0.3 元/份收取）。领取后向陌生人介绍我们的学校，并售卖《齐鲁晚报》，附赠《国际花苑校报》，获取的资金为家族所有。

通关秘籍

1. 经过各家族的共同努力，相信又有很多人了解了我们的学校。你们是从哪几个方面介绍我们学校的，请进行记录。

（1）

（2）

（3）

2. 在介绍我们学校的同时，相信你们也一定会有更多的收获：获取资金____ 元，所用时间为____ 。

3. 在谷德广场的标志性建筑前进行家族合影。

恭喜你们顺利完成第一个任务，加油吧，后面还有更多任务等待着你们！

本关不限时间，领取报纸后，在谷德广场或另选地点进行售卖。

注意事项：与人交往时注意礼貌用语，表达要清晰，仪表仪态大方端庄，受挫折后及时调整心态。

虽然秋雨绵绵，但学生们一大早就激情满满，忙得热火朝天，因为今天有一场极限挑战——生存体验活动！

一开始，学生们还是比较羞涩的，怎么也无法开口售卖报纸，叔叔阿姨好奇的目光让他们手足无措。但是，想到没有钱后面就得徒步前行，午饭也没着落，他们一咬牙，开始硬着头皮和迎面而来的阿姨打招呼：“阿姨您好，我是来自潍坊高新金马公学的四年级学生，我们在进行一项挑战活动——生存体验，我们的任务是卖报纸。一看您就特别善良，可以买一份报纸吗？”豪爽的阿姨不假思索掏出钱包买了一份！卖出了第一份，接下来就顺利多了，迈开腿，张开嘴，没有学生们办不到的事情！

谷德广场——销售达人

在这个任务中学生也深深体会到——勇敢就是斩荆棘的刀。

潍坊市人民公园——最强大脑

任务小贴士：

1. 本关限时20分钟，完成的家族获得15元，每道题超时或答错将被扣减0.5元，可以求助。

2. 守关老师准备三本通关秘籍，家族经过集体决议，选取其中一本。家族成员在规定的时间内记忆所选秘籍内容，或完成所选的题目，根据记忆情况或正确的答题数目，获取相应的资金奖励，作为家族资金。

提示：全部家族成员都通过才算完成任务。

注意事项：注意遵守乘坐公交车的文明礼仪，遵守交通规则，受挫折后及时调整心态，家族成员团结协作。

通关秘籍

经历诸多挫折，祝贺你们顺利到达第一目的地，请完成以下任务：

1. 请全体家族成员在该地点进行合影。
2. 请根据你们家族乘坐公交车的路线，画出本次公交路线图。

提示：要注意方位和路线的变化哦！

恭喜你们顺利完成该任务，加油吧，后面还有更多惊喜期待着你们！

忙活了近一个小时，大家获得27元。接下来学生不费吹灰之力就到了第一个目的地。他们采用了性价比最高的交通工具——公交车。令他们没想到的是，这次坐公交车和闯关有着非常大的联系——闯关任务是画公交路线图。

首先，第一个任务是拍合影，大家顺利完成。接下来就是绘制搭乘的公交路线图。但是，兴奋的学生们忘记公交路线了，一、二年级的学弟学妹还不能分辨方向，帮不了什么，只能干着急，大家顿时气馁了。“怎么办啊？我只知道出发的站和目的地的站，中间的站点我一个都没记住。”老三嘟囔着，一、二年级的学弟学妹也不说话，就在这时一个家族成员突然大叫一声：“我们可以去看公交站牌啊，站牌上一般都画有路线图。”这群孩子真是急中生智。

没高兴多久，又遇到了问题，路线太长，大家根本记不住！

一年级的小弟弟平时不太爱说话，这时候却“一鸣惊人”：“哥哥，我们每个人记一段，最后合起来不就行了？”于是他们每人记一段，然后快速跑回打卡点迅速按照顺序完成打卡，终于拿到了奖励资金。

公共自行车站点——爱心·体力的交融

任务小贴士：

1. 请各家族尽量选择离学校较近的公共自行车站点，这样等待老师前来检查的时间会短一些。

2. 史官会根据家族清洁和整理的效果及数量支付奖励资金，请大家认真对待。

3. 自行准备抹布，爱护公共自行车是我们每个人的责任。

注意事项：注意有效沟通，注意打电话的礼仪；家族成员分工协作，分享工作体验。

通关秘籍

完成本次体验，你们是不是特别高兴和自豪？请将本次工作体验进行记录。

共完成________辆公共自行车的清洁和整理工作。

用时________分钟，获取奖励资金____________元。

祝贺你们顺利完成任务！通过完成本次任务，希望你们能够体会到爸爸妈妈工作的辛苦，更爱自己的爸爸妈妈！

一个家族就近找了一个公共自行车站点，开始了他们的闯关。可能因为平时骑公共自行车的叔叔阿姨们素质比较高，公共自行车还是比较干净的，学生看到很高兴，赶紧分好工。因为年纪比较小的学弟学妹个子比较矮，擦拭的面积比较小，所以分给他们的任务比较轻松。在有限的时间内，大家迅速完成了任务并找到老师检查。老师赞赏了他们，说他们工作的效率很高，质量也过关，奖励他们 10 元！

清洁、整理公共自行车

在完成任务的过程中还有一个小插曲——不爱说话的小恺在自行车上下不来了！分配好任务后大家各自忙开了，忽然听到小恺大声“呼救”：“我下不来了，快帮一帮我啊！”不知他怎么上的公共自行车，现在卡在车篓位置下不来了！大家开始了“手忙脚乱”的营救，小恺的脚够不到地上，不敢下来，其他人也抱不动他。这时候，史官说有办法让他下来，不过中午要吃肉，财务总监老三说：“没问题。”于是史官把小恺抱了下来。下一个活动学生们要加倍努力了，要不然手里的那点资金是不够让每个人都吃上肉的！

潍坊植物园——落叶重生

任务小贴士：

1. 到达目的地后，找到守关老师，领取创作工具。

2. 在植物园内，家族合作利用落叶进行创作，然后拍卖自己的作品，每份作品定价 5 ~ 30 元不等，获取的资金归家族所有。

3. 各家族认真创作，有创意、有想法的作品拍卖的价格会更高；各家族不得毁坏花草树木。

注意事项：注意乘坐公交车礼仪，遵守交通规则，全员参与，积极表达自己不同的想法，家族成员团结协作。

通关秘籍

经历诸多挫折，祝贺你们顺利到达目的地，你们到达的地点：__________。

1. 请全体家族成员在该地点合影。
2. 每人找一片自己喜欢的树叶，并和树叶一起拍照。
3. 请用铅笔画出该地点的景色及主要建筑物。

深秋季节，落叶纷飞，有红的枫叶、黄的泡桐叶，形状也各不相同。学生通过创作，让这些落叶再次妆点世界！家族成员每人找一片自己喜欢的树叶，保存好，回到学校后，进行装饰，然后把它送给自己最爱的人。

秋姑娘悄无声息地来了，给树叶穿上了漂亮的衣裳，有金黄带绿的，有火红的……风儿轻轻拂过，叶子顿时漫天飞舞，有的左飘飘，右飘飘，时而打个转，像一个舞蹈家在跳舞；有的被风吹得一上一下，像只可爱的小兔子在一蹦一跳；还有的先直线下降，快到地面时忽然往左或往右飘一下，轻轻落地，仿佛一个小伞兵在跳伞。

学生作品

看到这个情景，学生们兴奋极了，他们展现艺术天分的机会来了。本次任务要求家族成员利用落叶进行创作。地上的落叶可真多啊！那儿有片桃形的树叶，难道是孙悟空偷吃蟠桃时掉下来的？有片树叶落在一个学生头上，拿下来一看，还带着绿色呢！大概是看到姐妹们都走了，自己也迫不及待了吧！面对这么美丽的景象，谁能不由衷地赞美它呢？谁不想把它好好保存下来呢？

学生们捡来各种形状、颜色的树叶，合作创作起来。美丽的姑娘、黄绿相间的草地、活泼的小兔、静卧的老牛，还有小鸭子、梅花鹿、小鸟……真是栩栩如生。学生们太厉害了！

创作之后，学生们又给每幅作品起了一个好听的名字以吸引顾客，什么“动物世界”“昆虫的家”等，并且吆喝起来，果然吸引来许多顾客，作品也被接二连三地买走，用学生们的话来说就是“挣了一大笔钱”。学生们也兑现了承诺——中午吃肉。虽说这一次家族生存体验活动“一波三折”，但学生们最终还是比较圆满地完成了任务。

五、活动评价

学会生存，成就自我——生存体验活动评价表

序号	项目	评价	得分
1	销售达人		
2	最强大脑		
3	爱心·体力的交融		
4	落叶重生		
5	对外礼仪是否展现国际学校风范		
6	家族是否出现不可调和的矛盾		
7	家族成果分享，集体汇报		
8	探究手册及活动证上交情况		
9	资金管理		
10	活动过程中的纪律、礼仪等		
合计			
史官评价：			

六、学生收获

学生收获一：又到了每月一次的家族活动，这次活动特别有挑战性——

生存体验。到达谷德广场后，我们领取了报纸，附赠校报一起销售。刚开始我们不知道该如何售卖，不太好意思开口，在老大卖出一份报纸后，我们纷纷效仿，最后大获成功，中午用挣来的钱饱餐了一顿。通过这次活动，我深深体会到赚钱的不容易，同时也明白了，不管做什么事，都要勇敢地表达自己。

学生收获二：这次的家族活动有点特殊——爱心·体力的交融（清理公共自行车），尽管任务比较难做，但是可以获取可观的“工资”。在清理的时候，我们发现有的区域的公共自行车比较干净，清理起来比较简单，有的区域的公共自行车破损比较严重，很难清理。不过，我们家族成员通力合作，再艰难也完成了任务。任务完成后，我们进行了反思，认识到要爱护公共财产，保护公共物品，也明白了“予人玫瑰，手有余香”的道理。

七、教师反思

通过本次活动，学生体验到父母工作的辛苦，多了对社会的了解和感悟，有利于形成自己的思维模式，树立正确的人生观、价值观，养成吃苦耐劳的精神，并提高财商水平。

这次生存体验活动，提高了学生的综合素质：在“销售达人”活动中，学生积累了社会生存经验、技巧，初步学会了处理简单的社会问题；在“最强大脑”活动中，学生锻炼了记忆能力；在“爱心·体力的交融”活动中，学生热衷于公益，了解了生活的艰辛，懂得了珍惜当前的生活；在“落叶重生”活动中，学生培养了创新能力。

八、实施建议

1. 注意事项

（1）午餐，各家族校外就餐，史官的午餐费用由家族承担。

（2）如果哪个家族有违规现象，该家族停止活动，进行反思。

（3）每个家族有一次求助机会。

（4）活动结束后，各家族及时上交探究手册，以及活动过程中拍摄的照片、录像等。

（5）活动完成后，及时整理家族资金，上交发票。

2. 活动当天时间安排

8:00—8:30 教学楼前集合，做出门前准备。

8:30—14:00 出发，进行活动体验。

14:00—14:30 各家族整理活动过程中的材料。

14:30—16:30 集体汇报总结，财务报销账目。

3. 史官职责

(1) 带队，注意学生安全，全程陪伴。

(2) 不能直接告诉学生完成任务的方法，对于低年级的学生要适当引领。

(3) 记录活动全过程，可拍照、录像（自备相机）。

(4) 对学生完成任务的过程进行监督，对违反规则的学生进行任务处罚，并及时上报总指挥。

(5) 在活动中注重培养学生的生存能力。

4. 安全保障：校医、保障中心

主要负责处理因突发事件引起的学生受伤情况。把学生的生命安全放在首位，如遇突发事件，首先保证学生的生命安全。

5. 紧急处理组：后勤保障中心

主要负责活动中的安全问题和环保教育工作，如遇突发事件则进行现场指挥。

拯救书城

一、活动背景

中国是一个经济大国，国民经济连续多年实现跨越式增长。但与此不相适应的是，在我们的小学教育中，未重视对小学生理财能力的培养。要实现经济的可持续发展，理财教育必须从娃娃抓起。只有让千千万万的小学生从小树立起正确的理财观念，中国经济才会后继有人。同时，理财能力的培养也是素质教育的重要组成部分。让学生养成理财的习惯，培养科学理财的能力，才是对学生的未来负责，对学生的终生负责，对飞速发展的社会负责。

二、活动目标

1. 知识目标

通过参观、访问、讨论、交流，了解售卖过程，培养勇于尝试的精神和沟通的能力。

2. 能力目标

（1）培养自主理财能力，积极去思考如何能用现有的财富创造更多的财富。

（2）制订营销策略，提高沟通能力。

（3）培养外出安全意识，知道乘坐交通工具的注意事项，知道如何处理紧急情况。

（4）体验礼仪的重要性。

三、活动准备

1. 成员分工

一年级学生：负责提醒家族成员按要求着装。

二年级学生：负责外出时的路线查找，以及遇到问题时找路人或其他人员进行问询。

三年级学生：领取活动经费，负责财务管理。

四年级学生：探究外出参观礼仪，照顾好一年级的学弟学妹。

五年级学生：家族活动总指挥，指导、审核、检查家族成员的任务完成情况。

2. 前期准备

熟悉家族成员，以家族为单位制订本次外出活动的相关规则（包含相应的处理措施）；每个家族成员的礼仪知识要达到外出要求；由 2 名史官签名后到家族银行领取活动经费；提前了解活动地点。

四、活动实施

第一阶段：校内准备

如今人们购物更多地依赖电脑、手机，崇尚网上购物，导致实体书城的销售业绩严重下滑，书店老板非常担忧。现在，各位同学即将化身超级英雄去拯救书城，帮助书城售卖图书。

1. 兑换家族币

家族外出活动时的一切经费都要使用家族活动资金，大家不可以另带钱财及除水以外的食品。Sunshine 家族正要去罗老师处用家族币兑换家族活动资金，只听负责财务管理的学生说："我说个事，大家听完后可别上火。家族币我放家里忘带来了。"顿时，一家人炸开了锅。史官说："那我们就不用出去了，正好今天很冷。”这下其他家族成员不干了：“不行啊老师，我们准备这么久了！”看着他们紧张的样子，史官说：“那好吧，我先借给你们，下次再这么粗心大意，我可不管呀！”一家人立马喜笑颜开！

2. 视频引导

利用家族会议时间观看学校发的视频，边看边思考：作为书店的营销商，你会怎样卖出你手里的书？用思维导图的方式分析消费者的需求，制订售卖计划，并将其记录在探究手册上。

3. 宣传海报制作

为了更好地达到售卖的目的，Sunshine 家族制作了大型海报，大家的想法很多，你一言我一语，热烈地讨论着。别看这只是个小小的设计工作，可马虎不得！只见几个人围成一圈，不时比画着什么，学生们认真的样子真美！

4. 制订销售计划

在制订书籍售卖计划时，一开始大家毫无头绪，不知道要怎么做，后来家族老大说：“咱们可以分类来整理呀。”于是家族成员开始讨论售卖书的类别、售卖地点、售卖方法等，并记录在探究手册上，以便活动结束后进行反思、总结。

第二阶段：采购

终于到采购阶段了，Sunshine 家族进入谷德广场的京广书城，发现其他家族都已经选好书，并付完账准备销售了。虽然晚了一些，大家有点着急，但依然不忘选购过程中的礼仪。大家迅速按计划到儿童绘本区选择图书。在选择过程中，大家对买什么书产生了分歧。

“这本书真好看，我们买这本吧！”小柠捧着一本书爱不释手。

“不行，我们出来的时候说好了，我们的销售对象是家里有小宝宝的叔叔或阿姨，这本太难了，不适合给小宝宝看！”小东一边寻找一边劝告。

“哎呀，我忘了。”小柠放下手里的书和其他同学一起找起来。

书店里的书籍全部按照原价的四折卖给学生们，这让他们心花怒放。但因家族资金有限，在书店人员的帮助下，Sunshine 家族最后选好了 3 本书（各家族领取的资金必须全部用于购买书籍或捆绑销售商品，以及交通出行）。

学生们对图书售卖充满信心，小嘉说：“这也太便宜啦，再加上我们自己做的赠品，卖出去应该很容易，我有信心。”

第三阶段：销售

销售过程并不是很顺利，一来阅读人群定位比较窄，二来学生没有相关经验，谁都不知道如何开始。万事开头难，大家你看看我，我看看你，犹豫着谁先当“第一个吃螃蟹的人”。看见有顾客来，小柠第一个鼓起勇气对陌生人推销：“叔叔，您好！我们这本《幼儿识字》您有没有兴趣了解一下？”

正在售卖我们的书籍

叔叔摆摆手走了。

虽然一连几个顾客都没有买书，但他们没有气馁，销售劲头儿很足。终于，在他们的不懈努力下卖出了第一本书。或许是他们从中尝到了甜头，或许是他们从中领悟到了推销的技巧，又或许是因为不甘心，他们更加卖力，很快又卖出第二本、第三本。眼看就要卖完了，却被没有零钱难住了——没有零钱找给买第三本书的顾客。老二找到史官说：“老师，您可以帮助我们一下吗？先借我们一些零钱，等我们吃饭的时候换了零钱就还给您。”史官看他们这么积极，决定帮助他们解决这个难题。问题解决了，低头一看时间已经中午 11 点了，两个年龄小的学生已经累了，也饿了，他们在商场门口纠结起来：是继续卖书还是先吃饭？经过 5 分钟的讨论，大家认为手里的钱不够让大家填饱肚子，于是决定再进行一轮售卖活动。

因为有了上次的经验，这次他们调整了一下售卖对象，结果不到 10 分钟就把书都卖出去了。不数不知道，一数吓一跳，他们竟然赚了 120 元！

这时大家也都饿了，于是商量着转移“战场”——去寻觅美食。刚到美食城，就闻到了饭菜的香味。用自己挣的钱吃饭，肯定格外香。

第四阶段：午餐

“我要吃这个！”一年级的小成员刚下电梯就迫不及待地选好了。

学生根据家族资金情况选择了合适的午餐。由于 Sunshine 家族进行了第二轮售卖，午餐时间比其他家族要晚一些，当学生看到热腾腾的饭菜时，眼睛都冒出小星星来了。学生们正准备大快朵颐时，却发现没有餐具，家族老大去拿来餐具，还叮嘱学弟学妹们“慢点吃，别烫着”，真是一个称职的家族老大！

第五阶段：反思总结

午餐结束，Sunshine 家族回到学校，在史官的带领下进行了活动总结。

这次活动，Sunshine 家族收获很多，所以开了一次分享大会。老大说：

“通过这次活动，我懂得了父母挣钱不容易，知道了碰到困难该如何想办法解决，同时也提高了语言表达能力。”老二接着说：“我们这次活动并不是一帆风顺的，在售卖过程中，也遭遇了拒绝与冷漠，但是只要不放弃，坚持下去就会成功。在这次活动中我们也有一些准备不足之处：零钱准备不足。”……

照顾人的家族老大

反思大会

五、学生收获

学生收获：通过这次活动，我知道了原来卖书还有这么多种方法，也知道了做一件事情是需要勇气的。在活动中，我们要互相理解、互相包容，这样能使我们家族齐心协力去做好一件事，有战胜困难的决心。

六、教师反思

这次家族活动，增强了家族的凝聚力、协作力，培养了学生的理财能力，提升了学生的交流能力，磨炼了学生的意志，提升了学生的礼仪和规则意识。在这次活动中，昊然和海清一改之前的莽撞和无所事事，他们认识到了自己的责任，找到了自己的定位，逐渐成长起来。

还有一点让我对学生刮目相看：遇到事情他们没有悲观失望，而是想办法解决。办法总比困难多，条条大路通罗马！如果事情的结果不好，那一定是还没有到最后……

七、实施建议

1. 活动当天时间安排

8:00—8:20 教学楼前集合。

8:20—13:30 校外活动。

13:30—15:00 家族反思，制作汇报用的PPT。

15:00—16:10 学校组织各家族统一汇报、交流、评比。

2. 史官职责

（1）安全第一，保证学生一直在自己的视线范围内。

（2）及时记录，可以拍照记录（自备相机）。

（3）当学生在活动中遇到困难时，不能直接告诉他们解决的办法或上手帮忙，可适当引导。

（4）带领学生针对活动进行总结，并对学生进行评价。

（5）不能提前离开，如确需提前离开，要保证学生后面的活动能正常进行。

（6）全天跟随学生，如提前完成任务回校，可带领家族进行总结，并记录。

（7）严格把关，对违反规则的学生进行任务处罚，并及时上报。

3. 学生活动规则

（1）准备好活动物品（校服、水杯等）。

（2）清楚地知道目的地和路线。

（3）懂得外出礼仪。

（4）准备好外出需要的资料。

（5）领取外出活动经费和探究手册。

（6）按时返校签到。

4. 安全保障：校医、保障中心

准备物品：急救药箱。

职责：主要负责处理因突发事件引起的学生受伤情况。把学生的生命安全放在首位，如遇突发事件，首先想到的是学生的生命安全，应立即采取措施进行救护。

5. 紧急处理组：家委会紧急救援小组、后勤保障中心

职责：主要负责活动前的安全、环保教育工作，如遇突发事件进行现场指挥。

浮烟山森林公园采摘

一、活动背景

1. 问题生成

在英美发达国家，财商教育是中小学的必修课。然而在中国，财商教育几乎是空白的。我校已认识到这一点。因此，基于培养学生的财商，组织了本次活动——浮烟山森林公园采摘。

2. 地点简介

浮烟山森林公园地处潍坊市西南郊，依傍天然山峰沟壑和林木植被而建，地理位置优越，自然风光秀美，文化遗址繁多，是一个集旅游观光、娱乐休闲、城市农业示范于一体的综合性公园。

二、活动目标

1. 知识目标

（1）初步了解苹果的成熟期和采摘方式。

（2）识别6种叶子，初步了解常见的蔬菜。

2. 能力目标

（1）通过积极动脑、认真观察，提高分析和解决问题的能力。

（2）通过资金回笼环节，培养提前做计划、统筹安排的能力。

（3）培养合作能力，提升财商。

（4）提高家族凝聚力，增强家族成员的使命感和荣誉感。

三、活动准备

1. 成员分工

一年级学生：提醒家族成员按要求着装。

二、三年级学生：问询、查找路线。

四、六年级学生：领取活动经费，负责财务管理。

五、七年级学生：探究外出参观礼仪，对学弟学妹进行礼仪培训。

八年级学生：家族活动总指挥，指导、审核、检查家族成员的任务完成情况。

2. 前期准备

（1）熟悉家族成员，以家族为单位制订本次外出活动中的家规（包含相应的处理措施）。每个家族成员的礼仪知识都要达到外出要求，由2名史官签名后才能领取活动经费。

（2）到家族银行领取活动经费，人均20元（包含午餐费、交通费、门票费等）。

（3）学校提供免费的水，也提供付费食物，学生不能从家里带任何食物，但可自带活动需要的相关用品。

（4）统一佩戴活动胸牌，丢失活动胸牌需用家族资金购买。

四、活动实施

第一阶段：活动准备

1. 确解出门密码

“年级不同，出门任务不同，请仔细阅读以下任务由几年级完成，可互相帮助，但不得越权。”

李老师讲解完今日家族活动的流程之后，各家族破解出门密码。

“我们来看看有什么任务吧。”家族老大说。

“好，我来开启信封。”另一成员说，“共有2个任务，任务一：需要由一至四年级同学圈画出下面的9人图里的9个人（最少识别6人方能通关）。”

9人图

这个图有难度，先看看学生们找得如何。比较容易被发现的几个人像一一被找出来了，找到4个了，还差2个才能通关。剩下的人像寻找起来确实有难度，但史官不能直接给出答案，只能侧面提示。在史官的引导下，大家有所发现——

“大家看，这里是不是有个人像？”

“是的，这是一个。”

“我也发现了一个。”

“哪里？哪里？”

“这里，看！我们找到了6个人像，可以做任务二了，然后就可以出发了！Yes!”

学生们你一言我一语地说着，脸上的表情也由多云转晴。

“我来读任务二：家族的和谐来自每个人的付出与心怀对方，请在止语状态下，选出5人共同完成5个正方形的拼摆。开始吧！”

拼摆正方形

学生们经过各种拼摆组合，各种试错重摆，终于拼摆出了5个正方形，可是相对其他家族来说，耗时有些长，可能会对后面的任务有影响，因为要在规定时间内返校。史官对学生们说：“我们出发前的任务耗时有些长，大家一起分析一下原因吧，这对我们接下来的活动会有帮助。”

“我们都只想着快点完成任务，而忽视了家族成员的分工、合作。”老大说道。

大家都很认真地聆听和反思。接下来，家族到南门领取了出门密码指示条，在门口拍照留念，并相互提醒要注意礼仪。

2. 路线指示

大家围在一起读着出门密码指示条上的内容——

恭喜你们获得出门密码指示条，本次活动目的地是浮烟山二甲村（71路公交车终点站），到那里进行采摘活动。我们的活动设定了层层关卡，你准备好迎接挑战了吗？

总部已经设定好时间，如果你在规定时间内没有到达目的地（时间暂时保密），我们有权请你们家族回校。到达目的地后找张老师领取下一个任务条。

家族成员争分夺秒地商议下一步的行动路线，纷纷发言，但是他们的想法有点单一。史官试着引导他们进行全面的考虑，比如，如果坐公交车的话，乘坐哪一路或者哪几路车能够到达终点？最快的行动路线是什么？如果打车的话，家族的经费是否在合理支出范围内？

此处关于经费的使用，即是对学生财商意识的培养。现在的孩子，从小养尊处优，普遍没有吃苦经历，估计家族里的多数成员不想乘坐公交车，但由于经费不充裕，只能选择公交出行方案。这在无形中帮助学生形成了“在经费有限的前提下，我们要做最合理的安排，而不是最舒服的安排”的意识。

第二阶段：开展活动

[任务一] 找寻果园

家族到达目的地，致电总部。总部根据家族到达时间安排其是去采摘还是回校，如按时到达指定地点则去采摘，如未按时到达则返回学校。按时到达的家族获得指令：请从71路站点向南前行约100米，到向西岔道口寻找老陈家果园。

在给总部致电反馈家族信息之前，史官引导家族成员思考：拨通电话后应该如何汇报？除了汇报家族名称和位置外，在礼仪方面还需要注意哪些问题？在按照指令从71路站点寻找老陈家果园时，应该向谁询问？询问时要注意什么礼仪？

[任务二] 果实采摘

采摘园门口规则及任务：

1. 进门需交门票费用每人5元。

2. 请根据家族资金采摘果园内的水果，有苹果、枣等，苹果3元1个，枣1元5个。

3. 不得损坏果园植物，请低头慢步行走，碰掉的水果按价购买。

4. 果园内不得品尝水果，否则按双倍价钱购买。

5. 请根据信封内的叶子找出相应植物并识别，填写完成后，寻找果园内放置的奖励。

六种叶子分别是____________________________。

果园内的蔬菜有____________________________。

6. 水果采摘完毕，请根据家族资金进行午餐。午餐完毕后，家族选择适宜的地方赚取最少20元经费，总部将根据家族赚取的金额奖励10%的奖金。

7. 15:40准时返校，在一楼大厅集合。

采摘水果

学生进入果园后都非常兴奋，有

的学生开始忘情地采摘起来，这时史官引导学生认真研读采摘规则，商讨如何赚取更多的资金，从而进行有计划的采摘。在采摘过程中，史官引导家族成员爱护园内植物。此外，因为时间有限，在找叶子环节，史官引导家族成员通力合作，高效完成任务。

［任务三］水果销售

午餐过后，学生开始主动研究“赚钱”策略。“我们今天采摘的水果都很诱人，应该能卖个好价钱，哈哈哈……”“我们要选一个显眼的地方进行推销，这样才能让更多的人看到。”“我觉得我们最好把水果包装一下，这样看起来很有档次。”“我们主要推销给路过的奶奶和阿姨吧，她们看起来很温柔。”在哪里推销？选择什么样的人群推销？学生们讨论得有模有样。最终，他们讨论的方案是回到学校附近，选择看上去像妈妈的女士进行推销。事实证明，他们的选择是对的，很快，水果就销售一空。看着手里的钱，老大说道：“做生意可真是一门学问啊！”学生的财商就是在一个一个的教育细节中练习和培养起来的，希望我们学校组织更多这样的活动，也希望中国的教育有朝一日能实施财商教育。

第三阶段：总结反思

1. 家族内分享

反思“我”在往返果园和园内采摘过程中遇到的困难，思考：这次活动中自己遇到了什么样的挑战？在活动中学到了什么？遇到了什么样的紧急情况，是怎么处理的？在礼仪方面和人际关系方面有什么收获？

2. 跨家族交流

以 PPT 等形式展示家族活动成果，总结反思活动中的优点与不足。

3. 情感升华

家族成员针对本家族的采摘过程及收获，以制作手抄报、写体会等方式进行记录。

五、学生收获

学生收获一：这次采摘活动中我的收获特别大。在外出前我们要完成 2 个任务：一个是找人物，一个是在止语的状态下拼图形。因为我们都特别期待快点踏上前往果园的旅程，领到任务后我们急于去完成而忽视了家族分工，大家七嘴八舌地发言，有点乱，在史官的提醒下我们才开始按照年级分工的要求找人物，这让我知道了理解活动要求和规则的重要性。

学生收获二：在整个活动中，对我们挑战最大的就是出门之前的拼图形任务。拿到任务后我们非常迫切地想完成，每个成员都努力献计献策，但是我们忽视了一个重要的要求——需要每个成员在止语的状态下完成，在一年级小弟弟的提醒下我们才按照规定完成了任务，作为大哥哥没想到这一点，我觉得有些惭愧。

学生收获三：这次的活动锻炼了我们方方面面的能力，出门之前的找人物和拼图形、往返行程、午饭的解决、采摘水果，在这些活动中我们获得了规则意识，锻炼了分工与合作的能力、积极动脑思考的能力以及资金归纳的能力，每个人都获益良多。

六、教师反思

一分辛苦，一分收获

新学期开始了，个别家族成员和史官有了一些新的调整，不过大家很快就熟悉了，都很期盼第一次家族活动的开展。听说这次要去果园采摘，大家都很兴奋，准备大显身手。

外出活动从出门任务开始。出门要完成 2 个任务，其中拼图形这个任务着实挑战了我们。这个任务本身就有一定难度，而且规则中明确规定家族成员必须在止语的状态下完成任务，有的学生情急之下忘记了这个规则，在大家的互相提醒下才严格按照规则完成了任务，可见，遵守规则是多么重要。在平时的生活和学习中，我们也要强化自己的规则意识，否则真的有可能因小失大。

在拿到家族活动经费的时候，学生们很兴奋，觉得资金很充足，于是有低年级学生提议打车去目的地，可是这个提议马上被否定了，因为我们还要支付午餐等各种费用，一定得开源节流啊！在小宇同学的提议下，我们家族按照他平时的乘车路线顺利到达了目的地。午餐时，为了节约经费，大家纷纷献计献策，制订了最划算、最节省的方案。

在采摘环节，每种水果都有自己的价目，我们通过核算确定了每个人可以采摘的数量。采摘的过程非常开心，我们互相帮助，摘了又大又甜的苹果。接下来的挑战就是把这些苹果卖出去，这可是一个艰巨的任务，我们一起商量确定了售卖方案和注意事项，可最终一个苹果也没有卖出去，可见在这方面我们还应该加强锻炼。

这次活动锻炼了学生各方面的能力，无论是礼仪、规则，还是沟通、合作等能力，每个人都有很大的收获，我们期待在以后的活动中能获得更大的进步和成长！

七、实施建议

1. 注意事项

（1）礼仪要求

①见人鞠躬问好，离别行再见礼。

②问询时细心聆听，目视对方，不私下议论。

③提问要有礼仪，不打断别人的话。

④公共场所注意形象，不大声喧哗，不随便席地而坐。

（2）活动要求

①乘坐公交车时，注重公交礼仪，不得大声喧哗，上下车排队，主动给老人、孕妇、小孩让座。

②进入采摘园后，注意安全，不得损坏果园植物，尊重他人劳动成果。

③乘坐公交车、购买家族用品或食物时索要发票或收据，活动结束后填写活动经费单，并到家族银行入账。

④不随便丢垃圾，看到垃圾帮忙投放进垃圾桶。

⑤家族成员时刻保持一致活动，不能单独行动（包括上洗手间和向路人问路）。

⑥家族成员要相互关心，要认真倾听他人意见，尊重每一个成员的想法。

2. 活动当天时间安排

9月25日前完成家规、分工、礼仪学习等要求，史官签字。

9月25日到家族银行申领家族资金。

9月26日8:00 教学楼前集合。

8:10—8:40 破解家族出门密码。

8:40—15:30 家族外出活动。

15:40 学校集合。

15:50—17:10 家族分享。

3. 史官职责

（1）带队，注意学生安全，全程跟随陪同。

（2）不能直接告诉学生完成任务的方法，对低年级的学生要适当引领。

（3）记录活动全过程，可拍照、录像（自备相机）。

（4）对学生完成任务的过程进行监督，对违反规则的学生进行任务处罚，并及时上报总指挥。

4. 安全保障

（1）校医、保障中心：主要负责处理因突发事件引起的学生受伤情况。把学生的生命安全放在首位，如遇突发事件，首先保证学生的生命安全。

（2）后勤保障中心：主要负责活动中的安全问题和环保教育工作，如遇突发事件进行现场指挥。

第五章 体验科学，感悟科技的魅力

纸手帕的深度研究

一、活动背景

纸手帕是一种新型的清洁纸，一般用于手部、面部等的清洁。纸手帕给我们的生活带来很大便利，由于它方便携带，而且能吸水，除灰尘，是家庭常用的生活用品。但是许多不法商家为了提高纸手帕的美观度，添加了过多的滑石粉和荧光剂，而这两种化学品会对身体造成伤害。那么，作为消费者，该如何选择物美价廉的纸手帕呢？基于此，我们设计了本次活动。

二、活动目标

1. 知识目标

掌握一定的调查、统计方法。

2. 能力目标

（1）通过设计探究实验，培养创新能力及实验设计能力。

（2）通过购买材料，培养理财能力。

（3）通过思维导图、微课等的引导，提高沟通能力，掌握一些思考方式。

（4）培养问题处理能力、数据分析能力。

3. 情感目标

发现身边的不良现象，增强社会责任感，形成健康的生活态度。

三、活动准备

1. 制订探究计划

“梦想家族的成员到秘密基地集合啦!”在家族老大的组织下，梦想家族的成员到达秘密基地准备开会。

“这次家族活动的主题是‘纸手帕的深度研究’，我们先看一下学校下发的视频和探究手册。”老大说完，所有成员都目不转睛地盯着电脑屏幕。

“纸手帕的牌子那么多，我们得需要多长时间才能研究完啊?”看完视频后老四说道。

“我觉得我们不用每个品牌都研究，可以挑选 10 个品牌。我知道的牌子有清风、心相印。”老二说。

“还有维达。”

“屈臣氏。”

……

“快把这些品牌记下来。”

“我们讨论一下如何研究纸手帕吧。咱们一共需要做 10 个实验呢。”

“第一个实验是测量纸张大小。这个很简单，用直尺测量就可以了，我学过用直尺测量长度了，我可以做这个实验。”老五兴奋地说道。

“第二个实验是纸张压纹。这个对纸手帕的质量有什么影响呢?”老三疑惑地问。

“可能是压纹压得好，纸张不容易散开吧? 咱们还是上网搜一下资料吧!”老四说完便开始上网查阅资料。

就这样，在你一句我一句的讨论中，梦想家族确定了要研究的纸手帕的品牌并设计了探究实验。

2. 家族币兑换

“在外出前，我们想一想还需要准备什么?”老大提醒大家。

“自己带好水杯，背好书包!”

“每个人从家里拿几个 1 元硬币，做实验要用到。”

“别忘了将家族币兑换成外出活动资金，1 张家族币可以兑换 0.5 元。家族外出不能带自己的钱和食物，只能带水。不兑换的话，我们就没钱购买纸手帕和吃饭啦!”老二抢答道。

“这次谁去兑换呢?”

“还是我去吧，我是咱们的财务！我负责管账！”老三自信满满地说。

“那我陪你去吧！”

“好。开完会我们就去。”

3. 成员分工

“明天外出，安全是我们大家都要时刻注意的。”史官话音刚落，老五就抢着说：“那我们还跟以前一样，老大牵着我、老二和老四手牵手。”

“那我还是跟史官手牵手。明天我负责付钱和记账。”老三说。

“那我和老四负责询问手帕纸的价格。”老二说。

“我负责安全督查，提醒大家注意安全，负责问询、查找路线吧！”老大说。

“那我负责什么呢？”老五思考着自己能为大家做点什么。还没等其他成员开口呢，她就想到了：“我可以提醒大家不要忘带东西。”

家族成员通过讨论，确定了任务分工。不同年级的学生担任不同的角色，培养了每个学生的使命感。

四、活动实施

第一阶段：采购

“我们这段时间挣的家族币比较少，所以活动资金也不多。为了省钱，咱们只能步行了。”老大说道。

“没关系，我们以后更加努力就好啦。这样下次外出时，就能选择坐公交车或出租车啦！”

“对，我以后一定按时完成作业，上课积极回答问题，挣很多家族币。”调皮的老四很少交家族币，感到有点儿内疚。

学生边走边聊，不知不觉到达了第一个小卖部。

“看，这有个小卖部，咱们快点去找找有没有纸手帕。”

“快走，快走！”

“慢一点儿，大家注意安全！”老大提醒着兴奋的家族成员。

来到小卖部后，学生很快便找到了清风、心相印的纸手帕。

“老板，请问这两包纸手帕分别多少钱？”

“都是 1 元 1 包。”老板说。

“一共 2 元，给您 10 元，需要找给我 8 元。”财务老三边说边付钱。买完后，老三把找回的钱装好，并认真记录下纸手帕的品牌及价格。

大约40分钟后，老五累了：“我不想走了，太累了！”

“那咱们找个地方休息一下吧！”老大说道。

“我饿了！”

“我也有点儿饿了。”

“我们现在只买到了7种纸手帕，还差3种没买到呢！再坚持一下，买全了我们就去吃饭！”老四说。

“来，我帮你背书包，这样你能轻快一点儿！”老大说完便背起了老五的书包。

在大家的坚持下，终于在12点前采购了10种纸手帕，在附近的一家面馆吃了午饭便返回了学校。

在采购过程中，大家懂得了“货比三家”的重要性，懂得了要购买“性价比”高的商品，更收获了深厚的友谊。

在校外活动阶段，史官只作为学生行为的观察者与记录者，不参与学生的具体调查活动。

第二阶段：数据分析、处理

梦想家族根据自己采购的纸手帕，观察并记录其特点及生产说明，并将得到的数据填入表格。“对数据的分析要具有针对性、逻辑性。”史官注意对学生进行数据分析、归纳方法的引导。之后，梦想家族根据设计好的实验探究方案进行实验，观察实验现象并记录数据，归纳分析实验结论，提出各品牌纸手帕存在的问题。

测评1：纸张大小

“这个实验很简单，老五和老二，你们两个负责测量吧！”

“保证完成任务！”老五和老二说完，立马着手测量。

“所有品牌的纸手帕都是差1小格到21cm。”老五说。

“我量一遍。”老二说完拿直尺开始测量，“20.9cm，也就是209mm，包装上写的是210mm×210mm，按照国家标准中关于纸巾纸的规定，纸巾纸的规格尺寸偏差应不超过标称值±5mm，这个是合格的！”

测评2：纸张压纹

在老五和老二做测评1的同时，其他家族成员研究测评2。

为了让使用者在擦拭东西的时候知道自己使用的是哪个品牌，一些商家会在纸手帕的角落印上品牌名称。成员们经过测试挑选出了压纹细致不易分离的三个品牌的纸手帕。

测评3：纸手帕纹理排布对比

“纹理排布整齐的纸手帕，摸上去更加柔滑，看上去比较细腻。因此，我们可以利用显微镜观察纸手帕的纹理排布，看哪款纸手帕质量更好。”老大说道。

“我知道怎么用显微镜，罗老师之前教过我们。”老四说道。

“好，我们先把每一款纸手帕剥出一个单层，放在每款纸手帕的下面，以免后面观察时不知道是哪个牌子的纸手帕。”老大提醒大家需要注意的地方，然后大家开始忙碌起来。

用显微镜观察纸手帕的纹理

“观察的时候，尽量选取纸手帕中间的位置放大观察。”史官提醒道。

“呀，我看到了，看到了！”在经过反复调试后老四惊喜地说：“我终于调出来了，这是哪个牌子的纸巾，纹理排布非常整齐，就像薄薄的纱布一样。快记录下来！”

“我看一下。啊，我也看到了，显微镜好神奇啊！”不等老四说完，老二便着急地趴上去了！

在老大的协调组织下，大家有条不紊地完成了测评3，每个成员都观察到了不同品牌的纸手帕的纹理排布，这激起了成员们对显微镜的浓厚兴趣。

测评4：香味

“你们闻一下每种纸手帕，我来记录。”

“心相印的纸手帕有股很香的味，维达的没有味。”

“这是哪个牌子的纸手帕啊，味太大了！”

“我闻闻看？咦，香味好大啊！”

……

测评5：坚韧度对比

“这个实验咱们昨天查过操作步骤：将每一款纸手帕剥成单层，分别浸泡在水中2秒，然后拿出来平铺在直径为10cm的宽口杯上。其中一人用双手握住杯口位置，固定纸手帕，另一人在纸手帕正中间放1元硬币，然后一枚一枚地往上加。放的硬币越多，证明纸手帕的坚韧度越高。”老大给成员念了一下昨天收集的资料，大家都听得很认真。

“我先去打点水！”说完老五拿起宽口杯飞快地跑向卫生间。

“我带了 10 枚硬币，谁还带了？”

“我带了 5 枚！我在家里只找到了 5 枚硬币！”

“我带了 20 枚，昨天妈妈特意陪我去小卖部换的硬币！”老二说道。

“一共 35 枚硬币，应该够了吧。单层纸巾不可能承担太多硬币的重量，我猜最多承受 10 枚硬币的重量。”老三猜测着。

“我来握着杯口，固定纸手帕吧！”老三主动请缨。

“我先浸湿纸手帕。”

“1 秒，2 秒，浸泡好啦，快放上去。”其他成员紧张地看着老大操作，生怕薄薄的纸手帕破了。老大小心翼翼地将第一枚硬币放在正中间，家族成员们都屏住了呼吸，生怕因为自己喘了一口气，纸巾就破了。

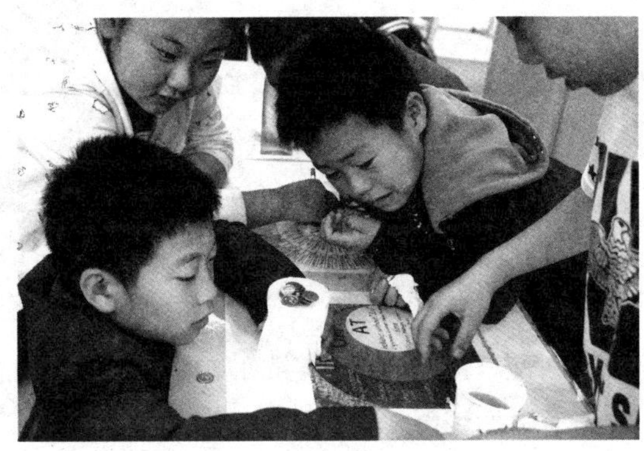

测坚韧度

“1 枚，2 枚，3 枚。”

“啊！”突然，纸手帕破了，大家的心也跟着颤抖了一下。

“这是心相印的纸手帕，承重 3 枚硬币，快记录下来。”

……

“下一个测维达的。这次我来放硬币好吗？”老四给自己争取机会。

“1 枚，2 枚，3 枚……21 枚，22 枚，啊！”在成员们的惊呼声中，纸手帕破了。

“22 枚，这个纸手帕能承受 22 枚硬币的重量，太不可思议了吧？”

“天呐，22 枚！”

大家都很惊讶于一层薄薄的纸手帕能承受 22 枚硬币的重量。当然，通过后面的分享汇报，其他家族测出有的纸巾能承受更多数量的硬币。相信这次实验一定会被学生牢牢地记住。

测评 6：耐磨度对比

耐磨度高的纸手帕，能够增加擦拭的次数，减少掉纸屑的可能。现在，许多使用者喜欢弄湿纸手帕进行擦拭，弄湿的纸手帕耐磨度会比干燥的时候降低很多，掉纸屑的概率也会大大增加。因此，梦想家族成员们弄湿了10款纸手帕进行耐磨度实验，选出了最耐磨的纸手帕。

测评7：燃烧后的灰烬对比

“这个实验要燃烧纸手帕，然后观察灰烬颜色，对不对？那么颜色不一样意味着什么呢？”老二疑惑地问。

“纸手帕的主要原料是木浆，木的主要成分是碳，燃烧后灰烬呈白灰状，没有油渍残留。但是现在许多商家为了让纸手帕看上去更加美观，使用起来更加柔滑，会添加一些对人体有害的荧光剂和滑石粉。劣质的纸手帕燃烧后，灰烬呈黑色，还有黄油残留。”老大给大家读了一下昨天收集的相关资料。

静等纸手帕燃烧

“所以我们通过燃烧纸手帕，观察灰烬的颜色及是否有黄油产生，就能知道纸手帕是否更安全了。”老四听完后更加了解了这个实验的目的。

他们通过实验发现：有的纸手帕燃烧后灰烬呈白灰状；有的灰烬中间是白灰状，周围是黑色的；有的灰烬呈黑色，容器上还有些许黄油状的物质。

测评8：荧光剂对比

“我知道荧光剂对身体不好，可是这个我们用眼睛看不出来吧？”老二问道。

“是的。许多不法商家为了提高纸手帕的美观度，会添加一些荧光剂，让纸手帕看上去更白。但是荧光剂对身体是有害的，特别是人们多用纸手帕擦嘴或如厕，长期使用可能对身体有影响。在日常生活中，人们可以利用紫外线验钞机测出使用的纸手帕是否含荧光剂，含荧光剂的纸手帕表面会发出明亮的荧光。因此，我们可以利用这一点，观察10种纸手帕是否有荧光剂。”史官向大家解释说。

“但是我们没有验钞机啊，怎么检测呢？”

老大突然想到了什么，说道：“我知道学校实验室有可以检测荧光剂的仪器，我们一块儿去测一下吧。”

“很好，我们先把准备工作做好，从每款纸手帕的同一位置剪下同样大小的一块，贴到一张纸上，并写好品牌名，这样我们只要拿着这一张纸去实验室检测就好了！”

在史官的引导下，梦想家族很快便完成了荧光剂的对比实验，并认真地做好了记录。

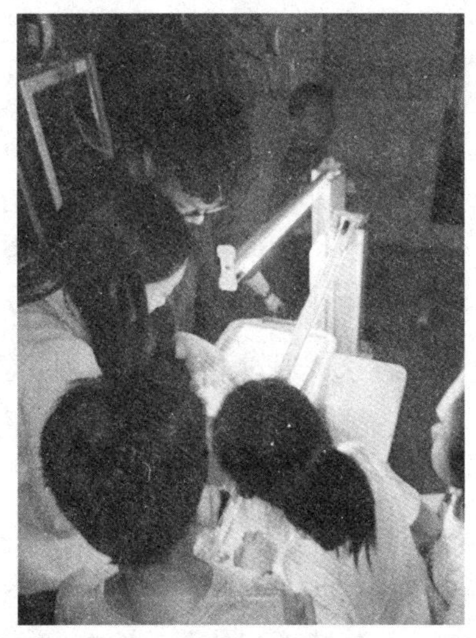

观察是否有荧光剂

测评 9：pH 值测量

该实验在科学老师罗老师的指导下完成。

方法：取一张 pH 试纸，将一端浸入水中，然后将此 pH 试纸和 pH 试纸比色卡进行对比，先确定水的酸碱性。然后将待测的 10 种纸手帕浸湿，将 10 张 pH 试纸的一端分别放到浸湿的纸手帕上，分别与 pH 试纸比色卡进行比对，检测并记录不同品牌纸手帕的酸碱性是否超标。

测评 10：吸水量检测

“是将纸手帕放入水中，看它们吸水量的多少吗？”老三问道。

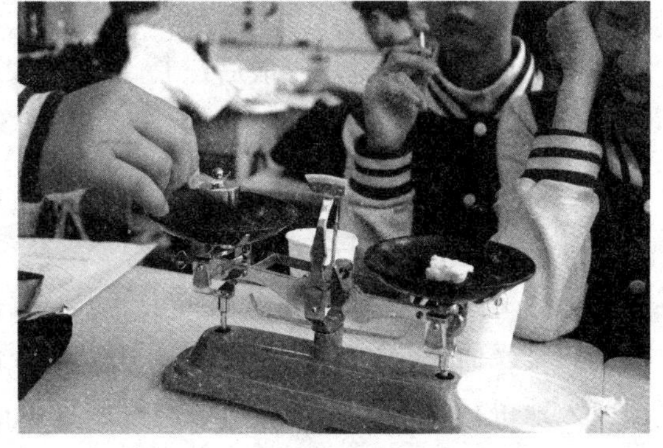

吸水量检测

“是的。”老四答道。

“可是，怎么测量吸水量呢？”

“我们可以依次将单张纸手帕放入盛有 130 克水的瓶子中，完全浸入 3 分钟后取出，放在网兜中待 2 分钟后用天平称重。越重说明纸手帕的吸水性越好。”老大解释道。

史官：“真聪明！需要注意的是，每次称完湿的纸手帕后托盘上都留有水渍，所以每次都需要把水渍擦干。”

说完，大家又开始有条不紊地忙碌起来。不一会儿，就测量并记录好了 10 个品牌的纸手帕的吸水量。

五、活动评价

各个家族完成实验后，进行家族内部的总结，针对本次实验进行知识上的总结，针对本次外出活动进行个人反思。例如，在这次探究活动中学到了哪些知识？以后在纸手帕的选择上会考虑哪些方面？在本次活动中，你从中学会了哪些技能？面对的挑战有哪些？

各家族通过 PPT 或手抄报等进行成果展示。各家族史官作为评委，本着公平、公正的原则进行打分，评选出一、二、三等奖，并奖励家族币。

六、学生收获

学生收获一：通过这次探究活动，我知道了原来纸手帕中还有这么多学问，这都是我在平时的生活中没在意的。在 pH 值测定时，我们小组重复了很多次，因为操作步骤需要十分严谨，不然结果会截然不同，而我们是第一次接触 pH 试纸，总是出现这样那样的问题，经过努力，我们终于成功测定好了。

学生收获二：在这次家族活动中，我们又一次出色地完成了任务，家族成员之间配合得更默契了。在探究过程中，我们每个人责任明确，在有限的时间内完成了各种测评，最后进行了总结和反思，收获满满，期待下一次家族活动。

七、教师反思

这次活动让学生收获了很多。探究性学习不同于简单的学科知识传授，不能只是坐而论道，要动手，要实践，本次活动是一个很好的机会。学生们很投入地进行各项测评，对结果进行反复验证，学会了质疑，敢于提出问题，并积极想办法去解决问题。

做数据分析时，学生不是一次就完成的，对此我们及时进行了反思。其实我校平日的教育也是这样的，问题发生了，我们就把它作为一个教育的契机，让学生深刻地认识到自己需要提升的能力或品质，这才是真正从学生的一生发展来进行教育，为学生的未来负责。

八、实施建议

1. 注意事项

（1）准备好各种外出物品（校服、水杯等）。

（2）知道目的地和路线。

（3）懂得外出礼仪。

（4）准备好外出资料。

（5）领取外出活动经费和探究手册。

（6）按时返校签到。

（7）上交发票。

2. 活动当天时间安排

8:00—9:40 准备阶段，各家族设计实验。

9:40—10:00 楼前集合，出发。

10:00—11:30 家族采购。

11:30—13:00 家族午餐。

13:00—15:00 家族进行实验，分析数据，制作汇报用的PPT。

15:10—16:10 学校组织各家族统一汇报交流，评比。

3. 史官职责

（1）安全第一，保证学生一直在自己的视线范围内。

（2）及时记录，可以拍照记录（自备相机）。

（3）当学生在活动中遇到困难时，不能直接告诉学生解决方法或上手帮忙，可适当引导。

（4）带领学生针对活动进行总结，并对学生进行评价。

（5）不能提前离开，如确需提前离开，要保证学生后面的活动能正常进行。

（6）全天跟随学生，家族提前完成任务回校后，带领家族进行总结，并记录。

（7）严格把关，对违反规则的同学进行任务处罚，并及时上报。

4. 安全保障：校医、保障中心

主要负责处理因突发事件引起的学生受伤情况。把学生的生命安全放在首位，如遇突发事件，首先想到的是学生的生命安全，应立即采取措施进行救护。

5. 紧急处理组：后勤保障中心

主要负责活动前的安全、环保教育工作，如遇突发事件进行现场指挥。

蓝树谷研学旅行活动

——高科技体验之旅

一、活动背景

1. 问题生成

在日常的课堂上，我们和学生一起探究过气象、火灾、地震等问题。这次我们想通过蓝树谷之行，让学生体验高科技，从而增强学生热爱科技和民族文化的意识。

2. 地点介绍

位置介绍：山东省平度市蓝树谷青少年世博园。

蓝树谷青少年世博园有57个独具特色的体验场馆，可以提供传统文化、法制教育、防震减灾、消防灭火、交通安全、医疗卫生、酿造工艺、赛车赛艇操作、水生物科普、射击锻炼、国防军事等方面的知识。

二、活动目标

1. 知识目标

通过对气象地震馆、消防馆、电力馆、科技馆和民族手工艺馆的参观和体验，丰富知识，增长见识。

2. 能力目标

切身体验我国科技的进步，感受我国传统文化的深厚底蕴。

三、活动准备

这次研学活动是教师、学生和家长一起参加的。因路程比较远，为了保证研学活动顺利进行，要对前期的准备工作进行周密的安排。

1. 活动参与对象及条件

（1）由家委会组织，教师、学生和家长共同参加。

（2）坚持自愿原则。报名参加的学生，须由家长在《致家长的一封信》上签字，由学校审核通过后方能参加。

（3）学生身体健康，无病史及其他疾病。（具有先天性心脏病或癫痫等病史的学生、身体虚弱的学生，严禁报名参加）

2. 成员分工

家委会是这次活动的组织者，每个学段的学生都可参加，以小组为单位组织活动，各小组由家委会成员和教师带队。

（1）学校家委会负责与平度市广播电视台研学旅游办公室签订“科技创新教育之旅”研学活动协议。

（2）教师负责设计研学课程。

（3）学生和家长一起制订“出行契约”。

四、活动实施

第一阶段：活动准备

家委会召开会议，商讨活动安排。教师们多次研讨，制订活动实施细则，设计研学课程。教师向学生强调：“请同学们将在家里和家长一起制订的‘出行契约’粘贴在探究手册的第一页。出行时一定要遵守我们的规则。请带着我们的问题和探究手册在体验学习中去找寻答案吧！”

出行当天，学生穿校服在学校教学楼前集合，领取队旗。途中，家委会及带队教师强调活动纪律，负责学生安全，并组织学生进行相关活动，如知识问答、乘车流动课堂、课程讲解、就餐礼仪等。学生分享自己前期制订的“出行契约”，关注活动的注意事项，如文明参观，做到语言文明、行为文明。

出行前各小组还需要完成以下几个任务：

（1）收集有关蓝树谷青少年世博园的资料。

（2）小组内交流收集的资料。

（3）小组间分享收集的资料。

第二阶段：活动开展

遨游精彩世界篇——气象地震馆

气象地震馆内有38件科普展品，以及大中型体验互动设备。在这里，学生可以探究气象地震知识，体验特斯拉闪电，还可以通过龙卷风形成器、酸雨形成器、气象播报眼、地震体验屋、台风海啸体验屋等模拟设备体验真实的情境，了解自然科学现象及避险逃生的方法。

活动一：知识大探查

到气象地震馆体验之前，学生先开展了“知识大探查”活动，即在展馆内寻找有关气象灾害预警信号，探究气象灾害预警信号不同颜色的意思。

小涛说：“红色的气象灾害预警信号，可能表示很严重的情况。”

小哲说：“我查过资料，颜色代表等级。”

小涵说：“蓝色代表一般，红色代表特别严重。”

填写探究手册

学生争相回答，足以看出他们在前期的材料收集过程中很用心。随后，教师带领学生在展馆内寻找探究手册上需要学生寻找的气象灾害预警信号。很快，学生就找到了警示信号牌。讲解员告诉大家：“你们想知道的答案都在警示信号牌的后面。”学生迫不及待地掀开他们最想了解的天气警示信号牌，查看并记录相关知识。就这样，学生获得了他们在课堂内学不到的知识，而且印象非常深刻。

活动二：体验小达人

学生终于等到了期待已久的“体验小达人”环节。每个学生都有最想体验的展馆，为了避免扎堆现象，学生要分组体验。

在观看特斯拉闪电演示实验时，学生们屏住呼吸等待，闪电出现的那一刻，不禁发出“哇”的一声惊叹。学生深深地被科技的魅力所吸引。

观看龙卷风

观看龙卷风形成器的学生，遵照警示牌的提示，不靠近，不触碰，都目不转睛地盯着龙卷风形成器，等待龙卷风的到来。虽然龙卷风的展示台不大，但足以使学生感受到其威力。观看了龙卷风，学生又来到台风海啸体验屋，这回更有身临其境之感，学生真实地体验到了自然灾难的杀伤力。学生从台风海啸体验屋出来后说：“希望台风海啸可以远离我们。”是啊，在体验中收获的感受是最真实的。

地震体验屋带给学生以八级地震的真实体验。学生排队走进地震体验屋，随着屋子的晃动愈加剧烈，学生天生的求生欲让他们尽可能地去找能保持身体平衡的物体，没有学生在这样的情景下还能笑得出来。

从地震体验屋出来后，子云说："老师，虽然知道这不是真的地震，但我还是害怕了。"朝阳说："我们能够用什么方法来防止地震的发生呢?"其他学生也有自己的思考和感受。参观完气象地震馆，学生在小组内进行了反思与分享，就探究手册中的问题进行了思考、交流，同时也为开启下一站的体验做好了准备。

遨游精彩世界篇——消防馆

消防馆展区的内容十分丰富，通过历史案件、灭火器的使用、真实水枪灭火、烟雾逃生、家电隐患查询、缓降逃生、紧急救助等互动体验项目，学生提高了对消防安全的认知，学习了自救技能，增强了逃生能力。在消防馆，学生们通过十余个体验项目，学习了消防发展历史和消防安全知识，从而提高了防火意识，明确了防火自救的重要性，认识了各种灭火设备，牢记了灭火方法。

活动一：灭火器大追踪

提到消防，首先要了解灭火器，因为灭火器是一种平时被人冷落，急需时可以大显身手的消防必备之物。如今高楼林立，室内多用大量木材、塑料、织物装潢，一旦有了火情，没有合适的灭火器具，便可能酿成大祸。

教师问道："你们知道世界上第一支灭火器诞生在哪一年吗?你们对灭火器的种类有所了解吗?"子轩马上回答道："我知道干粉灭火器。""是的，这是一种灭火器。但灭火器还有很多种，我们现在就到消防馆了解、学习一下。"教师补充道。

体验高压水枪灭火

学生根据探究手册，在消防馆内认真观察并寻找关于灭火器的知识。走在消防馆的连廊里，学生专心听讲解员讲解，认真观看墙壁上的图片。在见到真正的灭火器时，学生仔细地观察着它们，听了讲解员的解说后他们完全明白了1211灭火器、二氧化碳灭火器、泡沫灭火器和干粉灭火器的不同。学习了关于灭火器的知识后，学生又体验了用高压水枪灭火。学生灭火时好认真，做到了争分夺秒、齐力灭火。

活动二：烟道逃生体验

在学校时，学生参加过火灾逃生演练。这次，学生可以更加真实地体验烟道逃生。因为在学校的火灾演练中，学生对逃生需要注意的事项都已知晓，所以在这次体验中，学生都做得很好，做到了手拿湿毛巾捂住口鼻，快速逃离。

逃离出来的学生，大都先深深呼吸一下清新空气，感叹道：“还是这里的空气好！”还有学生说道：“关于火灾逃生，我们是训练过的。”

除此之外，学生还仿真拨打了119火警电话，因为是限时通话，所以特别考验学生的应变能力。检测显示，我们的学生都可以在规定时间内准确地说出相关信息。火灾发生后的一些求助手段，学生都在展馆内一一体验了，真是不虚此行。

活动三：火灾成因演示

学生在经历了火灾求助和烟道逃生后，最想学习的就是防火知识，所以讲解员带领学生学习了火灾成因知识。

学生先交流、分享火灾成因的种类，又通过电路过载短路实验直观感受火灾发生的原因，极大地增强了安全用电意识。学生还通过家庭火灾隐患排查室，对“家”里的火灾隐患进行了排查。

学生在体验中学习的效果如何，就通过完成场馆内的电脑消防知识问答来评价吧！学生对这场检测的积极性很高，自信心也很强，他们都想去挑战知识问答。在问答过程中，可以看出学生对所体验过的各个环节印象深刻，知识问答完成得很好。

遨游精彩世界篇——电力馆

电力馆，建筑面积1100平方米，分为六大展区。这是一个集知识学习、人机互动、动手体验为一体的综合性展览体验馆，通过电的来源，科学家对人类文明发展的贡献，火力、水利、风力、核能、太阳能发电以及电的作用等体验互动内容，让学生了解电的形成与发展，了解电对人类发展的重大意义及对个人、环境的危害，教给学生遇到触电等突发事件时的处置方式和救治方法。

在参观电力馆之前，学生在小组内思考了以下几个问题——

电是什么东西？闪电是怎么形成的？静电是怎么形成的？……学生众说纷纭，各有千秋，带着对电的思考进入了电力馆。

活动一：聊一聊有关电的小故事

风筝实验

图片中描述的是谁的故事？学生异口同声："富兰克林！"学生从课外阅读中学到了许多知识，很棒！故事的主人翁就是富兰克林。风筝实验的成功使富兰克林在科学界名声大振。

讲解员给学生讲了关于富兰克林风筝实验的故事：一天，阴云密布，电闪雷鸣，一场暴风雨就要来临。富兰克林和儿子威廉一起，带着装有一个金属杆的风筝来到空旷地带，风筝被放入高空。刹那间，雷电交加，大雨倾盆。富兰克林和儿子一起拉着风筝线，焦急地期待着。此时，刚好一道闪电从风筝上掠过，富兰克林用手靠近风筝上的铁丝，立即掠过一种令人恐怖的麻木感。他抑制不住内心的激动，大声呼喊："威廉，我被电击了！"随后，他又将风筝线上的电引入莱顿瓶中。回到家里以后，富兰克林用雷电进行了各种电学实验，证明了天上的雷电与人工摩擦产生的电具有相同的性质。富兰克林关于天上和人间的电是同一种东西的猜想，在他的这次实验中得到了证实。

通过故事得出结论：闪电也是电。

听完富兰克林的传奇事迹，爱迪生的故事也引起了学生的好奇心。在讲解员的讲解下，学生学到了很多知识：爱迪生发明了留声机、电影摄影机，改进了电灯，对世界的发展有极大影响；他一生的发明有两千多项，拥有专利一千多项。爱迪生敢于面对挫折，不灰心，不气馁，学生们立志要向他学习。

来到展馆，通过讲解员的介绍，学生知道了从简单的闪电到新能源发电的发展历程，大开眼界，笔记记得井井有条。之后，学生做了火力发电实验，并进行了关于“闪电是电吗?”的讨论。

活动二：问题研、研、研

在电力馆里，学生针对探究手册中的问题进行了学习研究，并一一得到了解答：

1. 世界上最早的发电机是法拉第制造的。

2. 磁悬浮是利用悬浮磁力使物体处于一个无摩擦、无接触悬浮的平衡状态。

3. 人体是可以导电的。

4. 风力发电把风的动能转化成机械动能，再把机械动能转化成电力动能。

5. 火力发电，一般是利用可燃物燃烧时产生的热量来加热水，使水变成高温、高压状态的水蒸气，然后由水蒸气推动发电机来发电。

通过参观，学生也了解了各大特色发电厂的名称及地位。

1. 托克托电厂是我国最大的火力发电基地。

2. 山东黄台火力发电厂是山东电网的主力发电厂之一。

3. 三峡水电站是世界上规模最大的水电站，也是中国有史以来建设的最大型的工程项目。

4. 达坂城风力发电站是我国目前最大的风能基地。

活动三：体验小达人

学生在电力馆体验了“怒发冲冠”项目。这个体验让学生在快乐中感受到了电带来的神奇效果，尤其是女生体验时效果更明显。每次学生的头发直立起来，都会带来一片惊呼与欢笑。

“雅各布天梯”的原理在电力馆得到了证实，虽然学生要真正理解这个原理难度很大，但他们都兴致勃勃的。

小哲问：“老师，这些知识我们以后会学吗?”听到学生这样问，教师和家长都很开心——因为这个活动显然为他们开启了物理学习兴趣的大门。

在电力馆，学生还挑战了“人机大战”，了解了三峡水电站等。学生在完成体验的同时，也认真地完成了探究手册中的问题。

活动四：标识我会读

认真观察有关电的小标志，会发现黄色的标志居多，黄色表示注意、警告，所以需警告人们注意的器件、设备或环境多以黄色为标志，如交通警告标志、防护栏杆等。

参观完电力馆，学生思考了很多：发电要耗费大量人力、物力等资源，我们要节约用电、正确用电，要继续保持人走电停的好习惯。

遨游科技世界篇——科技馆

科技馆采用的科学实验仪器是按照国家二类标准配备的，科技馆拥有一百种体验项目，主要用于科学实验教学与体验，主要包括光学、力学、天文学、声学、高新科技、机器人垫脚石和益智类小游戏等。通过体验，学生可以提高动手能力，开阔视野，增长见识，从体验中得到快乐，从快乐中学到知识。

活动一：视觉错觉

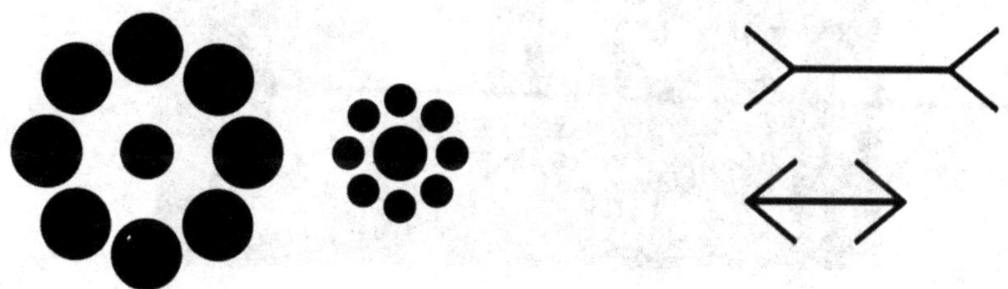

左边图的中心圆比右边图的中心圆小吗？　　上面的图形中，两条内线一样长吗？

看到上面的图片时，学生有点蒙，这引起了学生的许多猜想，哪个中心圆更大一些？大家都觉得右边的中心圆大一些。哪条内线更长一些？大家都觉得上面的内线长一些。

许多时候，眼见并不为实，尤其是在从事比较严谨的研究工作时，要避免“通过观察是……”的论断。当然，在许多平面设计中，也可以好好利用视觉错觉，让设计更加出色。

活动二：光学迷宫

光学迷宫中有很多镜子，学生一进去，周围就出现了许多影子，很难分清哪里是镜子，哪里是通道，大家都晕乎乎的。

小睿问：“这个是镜子吧？”

小鑫说：“用手去摸一下！”

“咦，错了！这不是镜子，镜子在这里。”

走路可要小心些，否则就找不到出去的通道了。学生既有些许恐惧，又充满了兴趣，感觉很刺激。在生活中我们经常使用镜子，但你仔细观察过镜子里的自己和真实的自己有什么相同点和不同点吗？在展馆里，学生找到了一些有关镜子的仪器，通过讲解员的讲解，了解了光学迷宫的原理：通过若干面镜子，形成多重镜面反射。

学生在科技馆里学到了许多知识，知道了普通的事物也能造就不平凡的科技效果，全方位地体验了科学的魅力。

活动三：体感游戏

体感游戏即用身体去感受的电子游戏。

学生体验体感游戏

小轩说：“我看过一场电影，坐的椅子是可以动的，戴上电影院提供的眼镜，就像是身处电影中，很刺激，当然也很害怕。这个是不是体感游戏的一种啊？”

“这不是吧？这个更像是动感电影。”

学生一边讨论，一边加快了步伐，急于去体验一下体感游戏。

科技馆里的一笔画、点亮音乐墙、哈哈镜、声悬浮、错觉转盘、光导喷泉、方轮车等项目，能够让学生体验丰富多彩的科技内容，培养学生学习科学知识的兴趣，丰富学生的想象力，挖掘学生的创造潜能，这将对中小学生综合素质的提高起到重要的作用。

民俗手工工艺馆

在前期的家族活动中，Sunshine 家族的成员们对手工作品颇有兴趣，这个场馆正投其所好，因此，Sunshine 家族决定参加民俗手工工艺馆。

Sunshine 家族需要完成的问题：你知道潍坊最有名的民俗手工艺有哪些吗？正在消失的传统手工艺有哪些，原因是什么呢？看看下面这张图，你听说过哪些？

《中国传统民间工艺》所收录项——传统手工艺品种类						
木版年画	寺观壁画	雕塑	牙雕	木偶	榫槽	剪纸
扑灰画	内画	瓯塑	蛋雕	皮影	画像石与画像砖	风筝
纸马	彩绘	灰塑	根雕	陶器	蜡染	灯彩
铁画	漆绘	石雕	果皮雕	瓷器	扎染	扇子
烙烫画	泥塑	木雕	果核雕	漆器	夹染	伞
彩蛋画	面塑	砖雕	煤精雕	料器	蓝印花布	脸谱
羽毛画	糖塑	竹雕	瓷刻	玉器	刺绣	面具
麦秸画	吹糖人	贝雕	软木画	景泰蓝	织锦	饰物
炕围画	糖画	骨雕	微雕	琉璃	编织编结	玩具
民间艺人画	蜡塑	角雕	砚	金属工艺	布艺	纸艺

活动一：问题研、研、研

Sunshine 家族首先看了展厅介绍，了解了民俗手工艺馆。民俗手工艺馆位于园区入口右侧，馆内设有剪纸、版刻年画、风筝、纺织、陶艺等中国传统非物质文化遗产项目。

一进展厅，映入眼帘的是各种民俗展示，有剪纸、年画、风筝、纺织品、陶艺……Sunshine 家族决定先从剪纸展厅开始参观。剪纸又被称为刻纸，是第一批被列入国家级非物质文化遗产名录的传统民间艺术之一。

小臻问：“剪纸大都是红色的，你知道为什么吗？”

小语说：“红色在中国表示喜庆。”大家听后非常赞同。“那我们一起看一下剪纸的历史渊源吧！”

在发明纸之前，人们通过雕刻、剪的方法，在金箔、皮革甚至树叶上剪刻纹样。到汉代，纸的出现推动了剪纸艺术的发展。剪纸在现代的发展形式有很多种，有单色剪纸、彩色剪纸、立体剪纸等。单色剪纸，主要是在单色的纸上进行剪刻，以红色为主。

年画对我们潍坊的学生来说，可是最熟悉不过了。一走进年画展厅，大家就想到了杨家埠，家族最小的成员都能说上几句：“年画是中国画的一种，杨家埠的木版年画，是用木头一点点刻的。”

“你见过哪些年画？”

……

学生在讨论年画有哪些，年画又是怎么制作的。

展厅的木版年画采用的是四版套色，分别是黑、蓝、红、黄四种颜色。年画是中国画的一种，始于古代的门神画，清光绪年间被正式称为年画。按照印制工艺可以分为木版年画、水彩年画、胶印年画、扑灰年画。在中国历史上，天津杨柳青、山东杨家埠、四川绵竹、江苏桃花坞的年画久负盛名，被誉为中国民间年画四大家。我们常见的年画作品有财神爷、灶王爷等。

潍坊是风筝之都，风筝展厅也是学生们最喜欢的地方。小梓说：“在风筝广场，我们了解了鲁班的故事，想必风筝的始祖是鲁班吧！”

小臻问：“那风筝是如何起飞的呢？”这个问题引起了大家的思考。

小怡问：“你知道潍坊风筝节是哪一天吗？”

……

问题接踵而来，让我们一探究竟吧！

风筝起源于中国，至今已有2000多年的历史。相传墨翟以木头制成木鸟，研制三年而成，是人类最早的风筝起源。风筝在古代不仅曾被用于军事，还被用于测距、传递信息等。放风筝在现今生活中是一项很好的娱乐项目，潍坊会在每年四月的第三个周六举行风筝节。

下一站是纺织厅，对此家族成员都不是很熟悉。在我们的印象中，纺织的多是布料，今天来到了纺织厅，真是大开眼界，看到了很多我们不知道的纺织品。原来纺织文化如此博大精深！

考古学家发现，在旧石器时代人类已经开始用骨针把草、树皮等缝在一起当衣服。新石器时代人类发明了纺轮，西周时期有了简单的纺车、织机，是一种将棉花纺成线的简易的劳动工具，它的工作原理是典型的机械传动。

传统的手工织布机要求织布人手脚灵活，配合默契。大家通过今天的参观知道了：手工织布机的工作原理是把纬线编织在经线里。

小哲问：“什么是经线、纬线？”

小臻说：“这个我们学过，南北为‘纬线’，东西为‘经线’。在织布机上也是这样吗？”

……

在这次游学中，学生受益颇多，不仅学到了相关的民俗知识，还将所学知识运用到实际生活中学以致用。

活动二：我是自学小能手

学生在各个展馆里学习了许多知识，最感兴趣的就是制作风筝。在讲解员的讲解下，学生知道了制作风筝是一项需要动手动脑的手工活，不仅可以锻炼动手能力，还能在制作过程中体会到动手的乐趣。

风筝制作

学生跃跃欲试，准备做一个三角形风筝。他们准备好自己喜欢的纸张、细棍、黏合剂，在讲解员的指导下，用细棍搭出风筝的框架并贴上纸张。有的学生还在风筝上贴上三条“尾巴”，说是为了让风筝飞得更平稳。风筝做完，绑上细线，就可以去放风筝了。看着自己亲手制作的风筝高高地飞在天空中，该是多么愉悦，多么有满足感啊！

活动三：我是体验小达人

木版年画是怎么制作出来的呢？

拓片制作

学生今天体验了一下制作木版年画，第一步就被难倒了，因为刻板时，字是反着的，这让学生思考了许久，直到讲解员做了示范，他们才恍然大悟。制作好自己喜欢的画作，再拓上去，看似简单的步骤，其实不然，其要求极高，需要墨痕均匀、受力均匀。这对有些毛手毛脚的学生来说是一个高难度的技术活。最后拓片完成，学生交上了自己满意的作品。

在这次体验中学生感受到：功夫不负有心人，以后要认真做好每一件事。

五、学生收获

学生收获一：我们今天体验了很多不同的场馆，在地震体验屋和台风海啸体验屋真实地感受到大自然“发怒”时带来的巨大灾难。大自然需要我们大家去保护，保护大自然就是保护我们的生活家园。在消防馆里，我们学习了如何区分灭火器，体验了用高压水枪灭火的过程。如果将来能成为一名消防员，我会很自豪的。我们还去了电力馆、科技馆和民俗手工工艺馆，在这些地方我们感受到了高科技带来的震撼。在民俗手工工艺馆，我们制作了年画，看着自己亲手制作的作品，真的好开心。充实的一天，满满的收获。

学生收获二：在今天的研学中，我最喜欢的是科技馆。在这里我体验到了科学技术的魅力，我希望自己将来能成为一名科学家。祖国的发展离不开高科技，我要好好学习，用我的聪明才智发明创造更多更好的科技产品。

六、教师反思

学生在这次活动中收获颇多，不仅彼此更加了解了，在遇到问题时，还懂得了一起讨论解决。

这个活动一方面可以使学生增长见识，开阔视野，增加获取知识的渠道；另一方面可以使学生在游玩的过程中，通过接触与日常生活、自然或社会热点问题相关的科学知识，培养热爱科学、崇尚科学、探索科学的兴趣和精神，激发对自然科学的向往。

在民俗手工工艺馆里，学生了解了具有独特东方艺术魅力的手工艺品。精美的手工艺品与浓郁的地域特色、淳朴的民风民俗、丰富的人文情怀息息相关，渗透着五千年文明古国深厚的文化底蕴。

此外，学生还了解了剪纸、年画、风筝、纺织、草编等；亲身体验了年画和纺织线的技法，对我国传统手工艺有了自己的见解，感受到了我国深厚的文化底蕴。

七、实施建议

1. 活动当天时间安排

7:40—8:00 在学校教学楼前集合，领取队旗。

8:00—11:30 在带队教师的指挥下有秩序地乘车前往活动基地（平度市蓝树谷青少年世博园）。在路途中，家委会及带队教师强调活动纪律，负责学生的安全并组织学生进行相关活动，如知识问答、乘车流动课堂、课程讲解、就餐礼仪等。到达目的地后，各小组清点人数，统一入园，深度参观蓝树谷青少年世博园（气象地震馆和消防馆），完成研学任务。

12:00—13:00 午餐时间（园区统一安排午餐）。

13:10—15:00 参观电力馆、民俗手工工艺馆、科技馆，完成研学任务，领略科技发展的无穷魅力。

15:30 参观结束，进行研学活动小结，对优秀学生进行表扬，收起队旗，原地休息。带队教师清点人数后，乘车返回学校，结束充实而有意义的研学旅行活动。

2. 史官职责

（1）安全第一，随时保证学生在自己的视线范围内。

（2）及时记录，可以拍照记录（自备相机）。

（3）当学生在活动中遇到困难时，不能直接告诉其解决方法或帮忙，但也不能不理不睬，要适当引导。

（4）带领学生针对活动进行总结，并对学生进行评价。

（5）不能提前离开，如确需提前离开，要保证学生后面的活动能正常进行。

（6）全天跟随学生，家族提前完成任务回校后，带领家族进行总结，并记录。

（7）严格把关，对违反规则的学生进行任务处罚，并及时上报。

3. 学生外出规则

（1）准备好活动物品。

（2）清楚地知道目的地和路线。

（3）懂得外出礼仪。

（4）准备好外出需要的资料。

（5）领取外出活动经费和探究手册。

（6）按时返校签到。

（7）按时上交发票。

4. 安全保障：校医、保障中心

准备物品：急救药箱。

职责：主要负责处理因突发事件引起的学生受伤情况。把学生的生命安全放在首位，如遇突发事件，首先要考虑的是学生的生命安全，应立即采取措施进行救护。

5. 紧急处理组：家委会紧急救援小组、后勤保障中心

职责：主要负责活动前的安全、环保教育工作，如遇突发事件进行现场指挥。

第六章 体验传统文化，让学生增强文化自信

走进十笏园

一、活动背景

1. 问题生成

为了引导学生将在前期外出活动中习得的参观考察基本方法进行反思与运用，提高学生考察学习的自主能力，达到螺旋式发展的目的，我校组织了本次“走进十笏园”活动。在活动中重点关注学生前期准备工作的完成情况，强调对学生进行自主参观及访问能力的培养，同时帮助学生认识地域资源特色，体验当地丰厚悠久的历史文化。

2. 地点简介

十笏园又名“丁家花园”，位于山东省潍坊市胡家牌坊街中段，有“鲁东明珠”的美誉。十笏园始建于明代，后于清光绪十一年（公元 1885 年）被丁善宝以重金购得，改建为私人花园。整座建筑坐北朝南，青砖灰瓦，主体是砖木结构，总建筑面积约 2000 平方米，因占地面积较小，时人喻之为“十个板笏”，故得名。1988 年，十笏园被国务院公布为第三批全国重点文物保护单位。

二、活动目标

1. 能充分利用网络、书籍等提出问题及假设，拟定参观访问提纲，明确参观任务。

2. 针对参观访问过程，进行有重点的记录。

3. 能选择有效的交通工具到达目的地，培养沟通能力、理性分析能力、

自主解决问题能力。

4. 培养对事情统筹规划的能力，以及有目的、有计划地做事情的习惯。

5. 能运用小报、影展、绘画或演讲等多种方式呈现参观访问结果，介绍十笏园的文化特色。

三、活动准备

1. 成员分工

一年级学生：形象总监，提醒家族内成员按要求着装。

二年级学生：财务总监，领取活动经费，负责财务管理。

三年级学生：安全督察，问询、查找路线，协调成员关系，确保家族成员的安全。

四年级学生：礼仪大使，探究外出参观礼仪，并对组内人员进行礼仪培训。

五年级学生：总指挥，指导、检查家族成员的任务完成情况。

2. 前期准备

（1）选取合适的方式获取十笏园的相关信息，结合所学提出问题及假设。

（十笏园在什么地方？参观时的注意事项：见人鞠躬问好，离别行再见礼；细心聆听，目视对方；提问时有礼貌，不打断别人等。）

（2）根据各家族的问题，拟定参观重点，并确定访问对象及问题，记录详细信息。

（3）外出物品准备。出发前一天，家族成员在秘密基地召开会议，明确要随身携带的物品：水、纸巾、笔、本子、照相机或手机、收集的十笏园的资料。

四、活动实施

活动一：参观十笏园

“不出城郭而获山水之怡，身居闹市而有林泉之致”，千百年来，拥有一座带有亭台水榭的精致园林，是历代文人雅士的梦想。今天，我们就准备探访一座精致的园林——潍坊十笏园。

踏着春风，旭日家族来到坐落于山东省潍坊市潍城区胡家牌坊街49号的一座古典园林——十笏园。

小韩先提出了疑问：“为什么这里被称为十笏园呢？”小雨说：“《十笏园

记》中解释说：‘以其小而易就也，署其名曰十笏园，亦以其小而名之也。’园中的砚香楼原是明朝嘉靖年间刑部郎中的故宅，后于清光绪十一年（公元1885年）被潍县富绅丁善宝以重金购得，在砚香楼的基础上建了整座园林。于是十笏园便流传至今。”“哇，小雨好厉害！知道这么多！”大家发出由衷的赞叹。小雨谦虚地说：“我只是在来之前，查阅了相关资料，提前了解了一下而已。”不愧是家族老大，做事很认真。

来到正门，一副对联映入眼帘：忠厚传家，诗书济世。学生们纷纷说道：“这也许就是这座园林宅院主人的家风吧？”小龄说：“这座园林建筑坐北朝南，面积约2000平方米。一踏进十笏园，便有一种穿越的感觉。你看，青砖灰瓦，商铺林立，好一番繁荣景象。你听，好像是‘皇上’驾到了。”循着声音，大家来到一个广场，这里人山人海，只见“皇上”与他的随从渐渐出现在大家的视线里，此外还有舞狮的队伍、推车子的老伯、可爱的小猪佩奇。

十笏园正门对联

大为接着说：“我还知道潍坊在清代是一个商业活动频繁的地方。这里曾经有十六座古园。十笏园是其中最著名的一座，也是仅存的一座，呈现出南方和北方两种风格。”

花园

“这里的商人、文人既可南下苏杭，也可北上京都。当年康有为写下《十笏园留题》：‘峻岭寒松荫薜萝，芳池水面立红荷。我来桑下几三宿，毕至群贤主客多。’园中不仅松萝荫深，而且池清亭秀。高朋满座，文士竞骚，给这个私家园林更增添了文人气息，使其散发出传统文化的精神、气质、神韵。”“你这是在读课文啊?!”“这是我来之前好不容易抄写下来的资料，这让我更加了解十笏园的历史了。”

一年级的小辰扬起稚嫩的小脸问道：“都有谁在这里住过呢?”小龄说：“这个让我来告诉你，十笏园原是明朝嘉靖年间刑部郎中胡邦佐的故宅，清代的陈兆鸾、郭熊飞也曾在此居住过，后于清光绪十一年（公元1885年）被潍县丁善宝以重金购作私邸，修葺了北部三间旧楼，题名砚香楼，开挖水池，堆叠假山，始成私人花园。”哈哈，像是一名自告奋勇的小导游，虽然有点咬文嚼字，但大家都听懂了！小龄不好意思地抿着嘴，用她提前打印好的资料纸遮住了脸。

旭日家族沿着十笏园的小道慢慢地走着，两边的建筑古香古色，仿佛置身于明清时期，真像是穿越了！“这里这么多房子，谁知道有多少间啊?”“要不我们来数一数吧?”“短时间内可数不过来，我们的时间有限，11:00要集合。”大家七嘴八舌地说着。“我爸爸曾对我说过，我都记下了。”小雨娓娓道来，“园中有67间房间。十笏园面积虽小，但设计精巧，在有限的空间里，呈现出了自然山水之美，含蓄曲折，引人入胜。难怪十笏园有‘鲁东明珠’的美誉呢！”小龄补充道：“十笏园是一处著名的古代园林，吸纳了南北园林建筑的精髓，并在此基础上有着独到的发展，如今，又是潍坊市文物陈列馆所，这使得这座名园更增添了丰富的文化内涵。”

十笏园主人塑像

旁边的一位老人看见家族成员说的头头是道，问大家是哪所学校的学生，年龄最小的小辰大方地走上前，鞠了一躬说：“爷爷您好！我们是高新金马公学的学生。”老人赞许地点点头：“有礼貌的孩子！孩子们，你们看，在十笏园里，丁氏家族的少妇、女儿、儿孙都有单独的书房，丁家对后代的培养可谓不遗余力。他们聘请陈蜚声为私塾先生。丁善宝之孙丁锡田后来成为潍县著名的文史专家，他与傅斯年、王献唐、闻一多等著名学者均有交往。孩子们，你们要好好读书，做一个忠厚勤劳的人!”

活动二：参观郑板桥纪念馆

不知不觉，旭日家族来到了郑板桥纪念馆。“三更灯火不曾收，玉脍金齑满市楼。云外清歌花外笛，潍州原是小苏州。”小鸣指着“脍”“齑”两个字问道：“这两个字念什么？我不认识。”接着他拿出随身带的笔和纸开始记录。

小为用相机拍下来准备回去查找资料，小雨直接打开手机词库查找这两个字。

“查到了!”

“读什么?”大家迫不及待地问。

“这个嘛，先不能告诉你们! 回答完我的问题，再透露给你们一点儿信息……”

“快说，什么问题?”

“这两个字的偏旁是什么?”

“第一个字的偏旁是‘月’!”

“同意的举手!”家族成员都举起了手，只有一年级的小辰不知所措。

“没关系，小弟弟，你还没学偏旁部首呢? 我透露给你一个信息，这个字的音序是K，等我们返回学校，你和哥哥姐姐们合作，用新华字典查出这个字的读音来，好吗?”小辰开心地点了点头，赶紧拿出小本子记录下来。

“第二个字的偏旁是‘文’吧?”小鸣说。“我觉得它的部首应该是‘齐’。”大家有了不同意见。

小雨说:“透露一下，它的音序是J，回学校后自己查答案。”

学生一边走一边还在仔细琢磨着，猜想着……

小韩说:“郑板桥是我最崇敬的人。‘难得糊涂’就是郑板桥的传世名言。妈妈告诉我，在潍县任职七年，郑板桥写下了《潍县竹枝词》四十首，是潍县社会民生的绝佳写照。郑板桥做官清正廉洁，尤其是他的‘一枝一叶总关情’更是透露出了他一心为百姓的为民情怀。潍坊郑板桥纪念馆共分为三个区。一区是‘三贤祠’和游客服务中心；二区包括二进院潍县正堂、东西侧厢房部分；三区即院落部分。虽然院子不大，但内容丰富，那些还原当年情景的人物塑像，惟妙惟肖。”小韩提前查阅了资料，值得肯定。

走进郑板桥纪念馆大门，迎面是一座高大的郑板桥全身石雕像，背手而立，神情若定，流露出学者风范。

很幸运，有一位导游正在给几位外地游客讲解，旭日家族的小精灵们紧随其后，洗耳恭听:

郑板桥纪念馆坐北朝南，占地面积约1400平方米，分大门、二门、大堂、后院等几部分，呈砖木结构，有红条石垒砌的砖墙，院落里摆着许多石碑，木梁上有雕饰，整体风格简洁朴实、古香古韵。

首先，左转进入潍县厅，这里展示了清代的衙署文化及潍县当地的人文风貌。郑板桥任潍县知县7年，对百姓关怀备至。有一年，山东发生百年不遇的大旱，大批灾民流离失所，“十日卖一儿，五日卖一妇”。郑板桥一面先行开仓赈贷，令百姓具券借粮，一面向上呈报，尽封积粟之家，责其平粜。此外，还修筑城墙，疏浚城河，以工代赈。“衙斋卧听萧萧竹，疑是民间疾苦声；些小吾曹州县吏，一枝一叶总关情。”他一心为民，触犯了豪绅巨贾的利益，遭诬告被罢官。临走那天，男女老少都出来送行。这样的情景，让人潸然泪下。

顺着潍县厅一直走便可进入生平厅，这里展示了郑板桥一生各个时期的经历。

潍县正堂

纵观郑板桥一生可分为三个阶段：贫困中成长，中举做官，卖画终老。从生平厅走出，便看到一座气势恢宏、大气磅礴的建筑——潍县正堂。正中央悬挂的“明镜高悬”采用的是大漆工艺手工刻字描金。大堂两侧的勤政厅展示的是郑板桥任潍县知县时治理潍县的一些历史记载。

穿过碑廊来到后院，院墙上挂着郑板桥的《潍县竹枝词》四十首诗词。

《潍县竹枝词》四十首

走出郑板桥纪念馆，脑海中挥之不去的便是郑板桥“些小吾曹州县吏，一枝一叶总关情”等诗句所映衬的他的非凡人格。

活动三：家族内成果交流

旭日家族回到学校内的秘密基地，各成员交流展示自己的收获，轮流分享“我的参观小故事”；反思自己在参观过程中的不足之处以及遇到的问题，讨论解决办法；比较这次参观活动和以往由家长带我们去参观有什么不同；通过小报、照片、文字记录、PPT 等多种形式汇总参观成果。

活动四：全校成果交流

学校统一组织学生进行反思交流，以家族为单位进行汇报。评委老师秉着公平、公正的原则给各家族打分，评出一、二、三等奖，发放家族币以示奖励。

五、学生收获

学生收获一：走进十笏园，就走进了贴着标签的“潍坊历史博物馆”。百年十笏园，有着极高的艺术品位和不可替代的历史价值，是潍坊的一张文化名片，其深刻的文化底蕴和情趣令我回味。

学生收获二：我最喜欢郑板桥的“难得糊涂”“吃亏是福”刻石。现在的人太聪明了，好像缺少一点儿“糊涂”。我爸爸经常说，不要太计较得失，让自己轻松一点儿。

学生收获三：我印象最深的是小池西南角的那座茅草顶的古朴四角亭——沧浪亭，“沧浪之水清兮，可以濯我缨；沧浪之水浊兮，可以濯我足”，我在其他书上读过这句话，妈妈给我解释过这句话：“水清的时候可以用来洗涤冠缨；水浊的时候就可以用来洗脚。”她还说这体现了中国文人的道德情怀，我还不太懂，但这很值得我去思考。

学生收获四：古人的精神不能忘怀，古人留给了我们丰厚的文化知识宝藏，等着我们去发掘和学习。十笏园虽小，却教会了我许多东西，值得我回味。

六、教师反思

这里的一草一木、一砖一瓦，都镌刻着时代的印记，古人留给了我们太多美好的东西，这些东西并没有随时间消磨殆尽。潍坊十笏园承载着厚重的文化，教会了我们做人要脚踏实地，敢为人先。踩在十笏园的小道上，仿佛整个世界都慢了下来，没有外界的喧闹，让我们可以倾听自己内心的声音。

本次家族活动是以社会考察为主的体验性学习活动，旨在让学生了解十笏园的文化和价值，培养学生统筹规划、有计划、有目的做事的习惯。在活动过程中，家族成员既有分工，又有合作，各展所长，协作互补，培养了合作、探究、调查等能力，以及团结互助的精神。

七、实施建议

1. 注意事项

（1）午餐的主食及粥汤由餐厅提供，菜由家族自己准备。

（2）如果哪个家族有违规现象，该家族停止活动，进行反思。

（3）每个家族有一次求助机会。

（4）活动结束后，各家族及时将活动记录下来，活动中的照片、录像等上交质管中心。

（5）活动结束后，及时整理家族币，上交发票。

2. 活动当天时间安排

8：00 教学楼前集合，开始安排任务。

8：20—8：40 家族出校门。

8：40—14：00 家族外出活动。

14：00 开始返校。

15：00—16：00 各家族内部交流、整理资料。

16：10—17：10 各家族校内集合，分组分享。

3. 史官职责

（1）带队，注意学生安全，全程跟随。

（2）不能直接告诉学生完成任务的方法，对于低年级的学生要适当引导。

（3）记录活动全过程，可拍照、录像（自备相机）。

（4）对学生完成任务的过程进行监督，对违反规则的学生进行任务处罚，并及时上报总指挥。

（5）在活动中注重培养学生的实践能力、团结协作能力，以及日常礼仪。

4. 安全保障：校医、保障中心

职责：主要负责处理因突发事件引起的学生受伤情况。把学生的生命安全放在首位，如遇突发事件，首先保证学生的生命安全。

5. 紧急处理组：后勤保障中心

职责：主要负责活动中的安全问题和环保教育工作，如遇突发事件进行现场指挥。

参观杨家埠民间艺术大观园

一、活动背景

1. 问题生成

潍坊被称为“鸢都”，每年一届的国际风筝节会在这里举行。为什么潍坊被称为“鸢都”？为了帮助学生认识地域资源特色，体验当地丰厚悠久的历史文化，我校组织了这次参观杨家埠民间艺术大观园活动。

2. 地点简介

杨家埠民间艺术大观园是国家4A级旅游景区，其年画、风筝艺术历史悠久，风格独特，被国务院列入首批国家非物质文化遗产。

二、活动目标

1. 知识目标

(1) 通过学习简单的木版年画、剪纸、风筝制作等，体会杨家埠古老的民俗、民情。

(2) 了解潍坊的书画艺术、古玩收藏、民间工艺、地方民俗、非遗传承等特色文化。

2. 能力目标

(1) 能充分利用网络、书籍等，拟定参观访问提纲。

(2) 能自主制订方案，合理分工。

(3) 培养沟通能力、解决问题能力。

三、活动准备

1. 成员分工

一年级学生：形象总监，提醒家族成员按要求着装。

二年级学生：财务总监，领取活动经费，负责财务管理。

三年级学生：安全督察，问询、查找路线，协调成员关系，确保家族成员的安全。

四年级学生：礼仪大使，探究外出参观礼仪，对组内人员进行礼仪培训。

五年级学生：总指挥，指导、审核、检查家族成员的任务完成情况。

2. 前期准备

出发前，各家族在老大的带领下做好相应的准备。首先，通过各种方式获取杨家埠民间艺术大观园的相关信息，提出问题及假设。其次，根据问题，拟定参观重点，并确定访问对象。最后，提前规划到达杨家埠民间艺术大观园的具体路线。

四、活动实施

第一阶段：活动准备

想要参观杨家埠民间艺术大观园可不是那么简单的，我们的活动设定了层层关卡，你准备好迎接挑战了吗?

查阅出行路线

第一关：安全礼仪我能行。出发前各家族要认真学习安全、礼仪知识和参观规则，经过安全督查和礼仪大使的通关考核之后方可出行。

第二关：路线选择。到杨家埠民间艺术大观园的路线和交通工具有多种，各家族根据家族资金及时间安排，自行确定出行方式。

问询路线

8:50 所有家族集合。李老师强调几点规则后，各家族开始单独活动。前几次的外出活动，出门前总会有出门密码，而这次没有，学生们觉得有点不适应。金孔雀家族出了校门直奔21路公交车的站牌，这时家族的财务总监发现自己犯了一个“致命”的错误——没有零钱坐车。“遇到问题想办法”这句话已经深深烙印在每个家族成员的心里。小可提出了第一种方案：跟其他家族换零钱。可是没有一个家族能拿出那么多零钱。接着小梓提出了第二种方案：

跟陌生人换零钱。可是，半天也没有过来一个陌生人。正当大家绞尽脑汁想办法的时候，家族老大发现公交车站后的林子里有一个饭店。真是柳暗花明又一村，于是大家飞快地去兑换零钱。换好零钱后，学生们赶紧回到公交车站，生怕错过了21路车。

车终于来了，大家有序地上了车。

第二阶段：活动开展

神秘信封：

每个家族老大手中都拿着一个信封，信封里有四张闯关条，只有完成前一关的任务才能打开后一个。

任务详解：

第一关：你能找到照片一的取景位置吗？（图略）像侦探福尔摩斯一样，好好地观察、分析一下，这张照片是在什么位置拍的呢？请找到位置所在地照一张和它相似的照片，并在此找到“世界风筝之最”——“龙头蜈蚣”风筝和反文碑，记录石碑的相关信息。

一走进大门，映入眼帘的是一座巨大的雕塑。往里面走，就进入了文润阁，迎面看到一个双龙戏珠装裱的石碑。“但上面的字怎么一个也不认识呢？”学生你一言我一语地讨论着。听了导游的介绍，大家才明白原来这是反文碑。杨家埠人“反刻正印”的年画艺术，使他们养成了识反字如流水的独特技能，这块反文碑蕴含着杨氏后人不忘根本的精神。

之后，大家来到杨家埠风筝博物馆。一进去大家就被各式各样的风筝吸引了，发出阵阵赞叹：“有鸟、兽、虫、鱼等的风筝，都数不过来了！”“快看，那就是我们要找的‘龙头蜈蚣’风筝。”小元说。接下来就剩最后一项任务——寻找照片的取景位置了。金孔雀家族跑了很多个地点寻找，快乐家族则采用问询的方式寻找。没过多久，大家就找到了第一张图片的拍摄地点，但因为取景的位置较高，拍照片时安全督察反复叮嘱大家安全注意事项。在找到反文碑和“龙头蜈蚣”风筝后，家族史官提醒学生要注重观察和记录，不能只是走马观花地看一看，而要在观察和记录中生成问题。

第二关：恭喜你们闯过第一关，你们能找到照片二（图略）的取景位置吗？请用多种方式收集照片二取景地的建筑布局和特色，并在此找到照片三（图略），研究一下这是做什么用的。

各家族吸取了闯第一关的经验，拿到任务后第一件事不再是毫无头绪地东奔西跑，而是先观察，大胆质疑，提出有价值的问题。学生们仔细观察图片，你一言我一语地讨论着照片中的建筑布局和特色，猜测着每间房是做什么用的。史官引导学生记录问题，培养他们遇到问题大胆猜测的习惯，使他们体会到博览群书的重要性及民国时期建筑所蕴含的深邃文化。

通过工作人员的指引，学生很快就看到了门口有个长石条滑梯的房子。细心的学生发现门两边的墙上各有一个圆圆的东西，对于它的作用大家百思不得其解。最后家族老大找来解说人员，才知道，原来这是古人养蜜蜂用的，蜜蜂从小孔飞出后，人才方便进屋拿蜂蜜。大家不由得感叹："古人真聪明！"

第三关。(各家族根据家族资金任选一项完成)

1. 制作一幅《十二生肖》木版年画，并通过邮寄送给他人（邮寄给谁，由家族讨论决定）。

2. 制作一个风筝。

3. 购买一件工艺品送给家人或朋友。

终于到了学生最期待的环节——亲手制作风筝，体验年画制作的构图、刻版和印制。但先不要着急，要先向爷爷、奶奶学习怎么制作，然后再自己动手。

快乐家族选择制作木版年画。走进木版年画制作坊，各式各样的年画让快乐家族的学生眼花缭乱。学生观察到杨家埠的年画大多有五种颜色：黑、红、黄、绿、蓝，每种颜色都有专门的印版，每幅年画需要根据颜色刻制五块不同的印版，分别印刷不同的颜色。杨家埠年画线条简练流畅，色彩鲜艳，对比强烈，多以象征、寓意和谐音等手法来表达画意。一个阿姨正在印刷年画，大家聚精会神地观察每一步，时不时地向阿姨请教几句。终于轮到学生大显身手啦，他们领了宣纸，找到自己的生肖模板，在阿姨的指导下，动手制作起属于自己的生肖年画。

金孔雀家族来到"非遗文化研学基地"体验风筝制作，并放飞风筝。大家拿到燕子形状的风筝和颜料后，赶忙动手绘制。不一会儿，一个个五彩缤纷的"燕子"便活灵活现地出现在纸上。绘制完成后，学生仔细学习风筝的扎制技巧，认真、耐心地完成风筝扎制。看着亲手做的风筝飞上蓝天，大家格外开心。

第四关：恭喜你们闯过第三关。如果你们是一个善于观察、勤于学习、做事有计划的家族，在完成以上任务的同时一定观察、记录了大量信息，你都发现（收获）了哪些信息呢？提出并解决了哪些问题呢？请记录至少三个你的收获，加油！

此时，学生已经在大观园参观了一圈，小脑袋里装满了各种信息与问题。

快乐家族的小欣说：“我知道了福、禄、寿、喜四道门在哪里。”小瑞说：“我对《水浒一百单八将》木版年画非常感兴趣，你们看到了吗?”小舰说：“我想知道杨家埠第一个风筝是用什么材料做的。”

第三阶段：总结与反思

1. 家族内分享

首先在家族内汇报“我的参观小故事”，讲讲在这次活动中的收获，说说在参观中遇到的困难及解决方法，比较这次参观活动和以往家长带我们去参观有什么不同，反思活动中的成功之处与不足之处，交流一下参观后又有什么新问题生成。

2. 跨家族交流

各家族准备 PPT 等，以多种形式展示活动成果；归纳记录方法及访问方法等，互相学习。

五、活动评价

先在家族内进行分享，然后各家族通过手抄报、照片等多种方式进行成果展示，评委老师秉承公平、公正的原则给各家族打分，评出一、二、三等奖，发放家族币以示奖励。

六、学生收获

学生收获一：虽然我们在外出前做了充分的准备，制订了计划，但在活动过程中只记得去完成一个个闯关任务，却忽视了我们制订的参观计划。经过反思，我们认识到，当计划与任务发生冲突时，要学会理性地分析与选择，这是非常重要的。

学生收获二：在此次活动中，我们学会了参观的基本礼仪与方式。虽然在这之前我和家人去过两次杨家埠民间艺术大观园，但这次我的收获最大。在这次活动中，我不仅获得了很多知识，而且学会了在思维碰撞中理性地思考。

学生收获三：在此次活动中，我们不仅完成了任务，还落实了参观计划，这得益于我们能合理安排时间。最后，我们还利用家族资金给家人买了小礼物，虽然钱花了有些心疼，但很幸福。

学生收获四：这次活动让我们收获很多。一次次的体验都碰触了我们的心灵，这些会像一坛坛美酒越酿越香，会一直伴随着我们，到毕业，到步入社会……

七、教师反思

对综合实践活动的研究，经历了很多阶段。许多教育专家、一线教师为此付出了很多努力。但反观现实，由于受各种条件的限制，尤其是安全和人数的限制，学生能真正走到校外进行体验活动的机会其实很少。实践活动，如果少了参与和实践，离开了富有挑战性的真实情境，其价值恐怕会大打折扣。于是我们尝试引导学生走出校园，走进潍坊市博物馆、科技馆、城市规划馆、杨家埠民间艺术大观园……

一系列校内外实践活动实施下来，我们发现，我们的活动还存在重知识、轻能力，重活动结果、轻活动过程的现象。这引起了我们的思考：我们除了要让学生拥有这份经历外，还应使他们获得哪些发展？

经过不断反思，我们认识到：实践活动应该将教与学、内容与形式、感情与活动、个体与群体、课内与课外、自然性与社会性、科学性与人文性有机结合，教育追寻的应该是学生在活动过程中收获了什么。

八、实施建议

1. 注意事项

（1）各家族根据家族资金自行解决午餐。

（2）如果哪个家族有违规现象，该家族停止活动，进行反思。

（3）每个家族有一次求助机会，如有疑问可致电总部。

（4）活动结束后，各家族及时将活动记录下来，活动中的照片、录像等上交质管中心。

（5）活动结束后，及时整理家族币，上交发票。如果本周内未完成资金处理，学校银行将根据规定收取一定的利息。

2. 活动当天时间安排

8:00 教学楼前集合，阐明家规、分工、礼仪及其他要求，开始执行任务。

9:00 左右家族到达目的地。

14:00 左右家族完成任务，吃完午餐，开始返校。

15:00—16:00 各家族在家族秘密基地整理资料。

16:00—17:30 各家族准时到四楼多媒体教室汇报。

3. 史官职责

（1）带队，注意学生安全，全程跟随。

（2）不能直接告诉学生完成任务的方法，对于低年级的学生要适当引领。

（3）记录活动全过程，可拍照、录像（自备相机）。

（4）对学生完成任务的过程进行监督，对违反规则的学生进行任务处罚，并及时上报总指挥。

（5）在活动中注重培养学生的实践能力、团结协作能力，以及日常礼仪。

4. 学生外出规则

（1）准备好活动物品。

（2）清楚地知道目的地和路线。

（3）懂得外出礼仪。

（4）准备好外出需要的资料。

（5）领取外出活动经费和探究手册。

（6）按时返校签到。

5. 安全保障：校医、保障中心

主要负责处理因突发事件引起的学生受伤情况。把学生的生命安全放在首位，如遇突发事件，首先保证学生的生命安全。

6. 紧急处理组：后勤保障中心

主要负责活动中的安全问题和环保教育工作，如遇突发事件进行现场指挥。

参观淄博中国陶瓷馆

一、活动背景

现代社会飞速发展，经济全球化和知识信息化的趋势日益明显，对人才的需求更加多元，对教育的要求也更加严苛。本次活动，我们以游学的形式，将课堂搬进淄博中国陶瓷馆，让学生走进齐国历史，了解中华文化的勃兴，激发合作探究的热情。

二、活动目标

1. 知识目标

（1）简单了解齐国的历史发展概况。

（2）了解齐国的地理位置，分析其发展的地理优势。

（3）学习陶瓷制作技艺，了解我国瓷器的分类及发展历程。

2. 能力目标

（1）能充分利用网络、书籍等收集相关资料，拟定参观计划。

（2）能自主制订外出方案，独立乘坐交通工具。

（3）培养沟通能力，遇事学会理性分析，能自主解决问题。

三、活动准备

1. 成员分工

培养每个学生的使命感，不同的学生担任家族内不同的角色。

成员1：形象总监，提醒家族内成员按要求着装。

成员2：财务总监，领取活动经费，负责财务管理。

成员3：安全督察，问询、查找路线，协调成员关系，确保家族成员的安全。

成员4：礼仪大使，探究外出参观礼仪，对组内人员进行礼仪培训。

成员5：总指挥，指导、检查家族成员的任务完成情况。

2. 前期准备

（1）选取合适的方式获取齐国历史的相关信息，结合所学，提出问题及假设。

（2）拟定参观重点。

（3）准备外出物品，了解宾馆入住须知。

（4）规划到达淄博中国陶瓷馆的路线。

四、活动实施

第一阶段：家族大破冰

“找到啦！终于找到啦！……”三年级的一诺一边吆喝着，一边紧紧抱着找到的家族成员，脸上的得意之色是怎么也掩藏不了的。也许你要问，这是在干吗？这就是我们进行的本次活动前的破冰游戏。一起去看看吧——

不破不立

“请各位同学到操场集合！请各位同学到操场集合！……”广播中传出罗主任那铿锵有力的声音。听到通知的学生在老师的带领下迅速而有序地到操场集合。在简单的整理队伍和说明集合的原因后，罗主任再次发出指令：“请六年级同学作为本次任务的家族老大一字排开，其他年级的同学自主选择自己的老大。”经过“千挑万选”，新的家族形成了。家族成员之间先短暂地自我介绍，相互认识，然后商定史官人选。这个过程可不是一帆风顺的！你瞧！问题出现了！“为什么不能是原先的家族啊？”王宇飞边抱怨边东张西望，不满之情溢于言表。罗主任发现后，快步走到他面前说：“同学，为什么不愿意跟新同学合作呢？”“不熟悉啊！”王宇飞应声答道。“熟悉的人相处固然更自在一些，但是我们在生活中是不是一直都在跟熟悉的人相处呢？而且我们进入一个集体不也是先从不熟悉开始的吗？如果你每次进入一个新集体都能很快适应，这说明你是个适应力很强的人哦。这样的人以后进入社会能不适应吗？”罗老师笑着说。王宇飞若有所思地点点头，然后快步走到新的家族中。

我们是一家

新的家族成员相互熟悉后，就要进行家族分工了，这个任务一般由家族老大来完成。你听，家族老大宋欣明在分任务了：“张一墨，你是形象总监，提醒家族成员按要求着装。李婧婧，你是财务总监，领取活动经费，负责财务管理。王宇飞，你是安全督察，问询、查找路线，协调成员关系，确保成员安全。刘子豪，你是礼仪大使，探究外出参观礼仪，对家族成员进行礼仪培训。那我就是咱们家族的总指挥。谢谢大家！”看来这个家族老大对家族的分工已经很熟悉了。

随后，通过一番激烈而又和谐的讨论，学生确定了家族名称，制订了组规和奖罚措施。“我们出去一定要注意礼貌礼仪，我们代表的可不止是我们自己。”王宇飞严肃地说。“对，别给学校丢脸。要听老大的指挥，不能乱跑。上次我乱跑给家族添了不少麻烦。”张一墨不好意思地挠挠头。“我们还要带好水杯、纸和笔等必需品。”刘子豪说道。“我们应该先设计路线，避免浪费时间。”老大说道。老师们惊喜地发现，学生提出自己的建议时，已经由“我怎样”变为“我们怎样”了，这样的变化意味着学生已经逐渐融入团队中，意识到自己是团队的一员，自己的行为要受到团队的约束了。

第二阶段：任务进行时

本次活动正式启动了。要想顺利完成任务，对学生来说可不容易。走，让我们一起跟随 Fighting 家族去看看吧！

【镜头一】先抢个座

按照前一天的商议，Fighting 家族 7:40 准时到达了火车站，找到史官领取了各自的火车票。没有独自出过远门的学生很兴奋。排队检票的时候，几个男生聚在一起嘀嘀咕咕：“等会儿检完票我们赶紧往前冲，先抢个座。”“那可不行，在火车站乱跑是很危险的。”“就是，就是，而且跑来跑去很没礼貌。”“我们每个人都有座位，不用抢，嘿嘿，不知道吧?”“好吧，我知道了，老大。”事情就在学生你一言我一语的交流中解决了。事先制订的组规正在发挥着作用。

【镜头二】你真是个合格的财务总监

一番舟车劳顿，终于到达宾馆。进入宾馆后，学生依次登记入住，自主分配好房间，总的原则是大小同学配合，方便大同学照顾小同学。家族老大考虑得真是越来越周到了。放置好行李后，Fighting 家族到达吃饭地点。初到一个地方，大家都想吃点本地的特产：“我想吃这个!”“我想吃这个!”学生毕竟还是孩子，平时在家由父母宠着，一看到吃的，都想点自己最想吃的。这时财务总监发话了：“我们的费用有限，要点充饥且不太贵的，要不我们后面只能喝西北风了。”家族成员一听有点扫兴，但沉下心来想一想确实是这么回事。最后大家通过讨论，点了一桌物美价廉的饭菜。最后走的时候，店老板笑着对财务总监说：“你真是个合格的财务总监!”学生眼里满是自豪和得意!

【镜头三】十万个为什么

Fighting 家族坐上公交车，顺利到达淄博中国陶瓷馆。淄博中国陶瓷馆展示了从新石器时代的“后李文化”至今 8000 多年以来，淄博出土、生产和收藏的各类陶瓷精品。展厅分前言区、综合展区、古代和近代展区、现代展区、陶艺创作区、陶瓷精品销售区和广告区七大部分。

一入博物馆，学生就被博物馆里花样繁多的陶瓷展品吸引了。但我们这次活动的目的可不仅仅只是满足感官的享受。史官装作漫不经心地问张一墨：“淄博陶瓷什么时候开始出现的呀?”学生一听老师也有不知道的知识，马上就来了兴趣，赶紧去翻看自己收集的相关资料。张一墨激动地说：“老师，我知道，我知道，我查到了相关资料。”说着读了起来：“从发掘的北辛文化遗址看，早在公元前 5100 年，山东就有了制陶业。到公元前 4000 年大汶口文化时期，山东的制陶技艺已达到较高水平。而稍后的龙山文化时期，也就是公元前 2600 年—前 2000 年，已可以生产黑色磨光、薄如蛋壳的黑陶，表明山东的制陶技艺已达到了相当高的水平。”读完后，他得意地看着史官。

参观了古代和近代展区后，史官又问：“这个博物馆有几个展馆啊？”老大说：“老师，您真是‘十万个为什么’。”史官笑着说：“不懂就要问，不是吗？”“好吧，我来解答，幸亏我收集了资料。淄博中国陶瓷馆总展销面积有10000多平方米，分陈列展示和经营销售两大部分。其中陈列展示部分包括序厅、综合厅、古代厅、现代厅、高技术厅、国际厅，展示了从新石器时代的‘后李文化’至今8000多年来的中国陶瓷文化，以陶瓷展品为载体，生动直观地展现了中华文明的博大精深与源远流长。”

在接下来的参观中，学生听讲解员的解说时特别认真，时不时地做记录，还偶尔提问。相信今天做“十万个为什么”的人不仅史官一个。参观结束后，王宇飞兴奋地说：“老师，我今天真的学到了好多知识。我见识了北朝的青釉莲花尊，宋代的绞胎瓷、粉杠瓷等，还知道了宋代定窑碗、哥窑碗等珍品。”其他人也兴奋地附和道：“对啊，这些瓷器太好看了！我还知道了现代陶瓷按不同用途和艺术风格可分为建筑陶瓷、园林艺术陶瓷、卫生陶瓷、日用陶瓷等。”

第三阶段：成果交流会

1. 家族内分享

各家族成员交流展示自己的收获，轮流分享“我的参观小故事”；反思自己在参观过程中的不足之处及遇到的问题，讨论解决的办法；比较这次参观活动和以往由家长带我们去参观有什么不同；说一说参观后产生的新问题。

2. 跨家族交流

各家族总结完毕，学校统一组织学生进行活动汇报，各家族通过PPT、照片、文字等多种形式展示家族成果，汇报本家族记录的方法及参观的方法，相互学习。评委老师对各家族进行打分，根据成绩评出一、二、三等奖，奖励家族币。

五、活动评价

评价很重要。活动结束后，家族成员会在史官的带领下，本着公平、公正的原则，对本次活动进行评价。

评价标准 家族成员	活动参与度 ☆☆☆	礼貌礼仪 ☆☆☆	服从指挥 ☆☆☆	感想反思 ☆☆☆

六、学生收获

学生收获一：我是 Fighting 家族的老大，今天的活动用一个字形容就是“累”，我们不停地奔波、奔波、奔波……我两次带着家族成员走错了路，我觉得自己是个失败的老大，在这里向大家说声“对不起”，但让我欣慰的是，没有一个人因此而抱怨。我最敬佩的是老师，他知道我们走错了，为了让我们自己去体会其中的酸甜苦辣，一直跟着我们奔波。在这次活动中，我还对瓷文化有了比较深入的了解，学到了在课本上学不到的知识。

学生收获二：我们从陌生到熟悉，从羞怯到大方，每个人都在进步，每个人都在成长。淄博中国陶瓷馆带给我们的是惊喜和丰富的知识，讲解员生动有趣的讲解和展厅里琳琅满目的物品使我们流连忘返。今天，我们的任务可以说是完成得既有速度，又有效率。在这次活动中，我知道了淄博是中国五大瓷都之一，10 多类、3000 多个品种的优质陶瓷在国内外屡获金奖，产品销往几十个国家。

学生收获三：我最喜爱的是陶艺区。陶艺区是一个敞开式的展区，园林风格明显，面积约 1500 平方米。在这里，参观者可以与各种令人叹为观止的陶器进行零距离的接触，仿佛置身于一个奇妙的陶艺王国。此展厅内陈列着各种陶器，较有代表性的是大型陶艺组“陶魂”和富有英气的“中国九鼎”。我真为我们国家的优秀传统文化感到骄傲！

七、教师反思

我们参加过很多社团、社会实践和远足等活动，但这种游学活动并不多见。我们的游学活动不是“驴友”式的团队旅游，也不仅仅是一种社会实践，我们赋予了游学一种崭新的课程理念：以“任务单”为载体，渗透学科文化；

以“即时情景”为契机，渗透社会人文教育。

学生在游学中收获的不仅仅是知识，还有如何做事和做人。我们看到，因家族老大准备不充分，家族走了冤枉路，大家并没有抱怨，而是懂得了周密规划、未雨绸缪；我们看到，因财务总监花钱不节制，家族只能吃冷面，学生转而知道了要节约用钱，合理消费；我们看到，学生由漫无目的地游览，转变为带着问题游览，并及时进行总结……这些都是学生的成长。这些体验、变化将为他们未来的成长助航加力！

八、实施建议

1. 活动当天时间安排

7:40	在火车站集合，强调游学规则、礼仪、要点，再次检查准备物品。
08:20	火车发车。
09:20	到达淄博市区。
10:00	入住宾馆。
10:30	查阅下午去中国陶瓷馆的路线并收集相关信息。
12:00	在家族基地统一吃午餐。
12:40	在家族基地午休调整。
13:40	出发，目的地——淄博中国陶瓷馆。
17:40	返回基地。
18:00	在家族基地统一吃晚餐。
19:00	各家族总结，领取第二天的任务，查阅齐文化相关资料，提出问题并制订研究策略。
21:00	洗漱、入睡，为明天的游学做准备。

2. 史官职责

（1）带队，注意学生安全，全程跟随。

（2）不能直接告诉学生完成任务的方法，对于低年级的学生要适当引领。

（3）记录活动全过程，可拍照、录像（自备相机）。

（4）对学生完成任务的过程进行监督，对违反规则的学生进行任务处罚，并及时上报总指挥。

（5）在活动中注重培养学生的实践能力、团结协作能力，以及日常礼仪。

3. 学生外出规则

（1）各个家族自行解决午餐、晚餐，费用由指挥中心承担，家族活动资金每人5元。

（2）如果哪个家族有违规现象，该家族停止活动，进行反思。

（3）每个家族有一次求助机会，如有疑问可致电总部。

（4）活动结束后，各家族及时将活动记录，活动中的照片、录像等上交质管中心。

（5）活动结束后，及时整理家族币，上交发票。如本周内未整理好资金，学校银行将根据规定收取利息。

（6）要有时间观念，按时集合，晚上9:30之前熄灯睡觉。

（7）管理好个人物品，注意防盗。

4. 安全保障：校医、保障中心

准备物品：急救药箱。

职责：主要负责处理因突发事件引起的学生受伤情况。把学生的生命安全放在首位，如遇突发事件，首先保证学生的生命安全。

5. 紧急处理组：后勤保障中心

职责：主要负责活动中的安全问题和环保教育工作，如遇突发事件进行现场指挥。

走进齐文化博物馆、管仲纪念馆

一、活动背景

1. 问题生成

中小学生普遍对齐文化了解不多，有的学生甚至连管仲改革、齐桓公称霸都没听过，至于齐国崛起的秘密就更不知道了。于是我们组织了这次活动，旨在引导学生了解齐国历史，理解春秋战国的纷争和变化，从而更全面地看待整个中华民族的历史发展。

2. 地点简介

齐文化博物馆位于山东省淄博市临淄区。齐文化博物馆的陈列以史为纲，以时代先后为序，全面细致地展示了齐国800余载的辉煌历史和灿烂文化，充分反映了齐国的政治、经济、文化、艺术、科技、军事和礼俗，显示了齐文化在华夏文化中的重要地位。

管仲纪念馆位于淄博市临淄区齐陵街道办事处北山西村，是中国第一个运用现代技术手段，系统展示管仲生平、《管子》思想及中国历代名相的专题性纪念馆，占地面积约20万平方米，分为馆区和园区，是国家3A级旅游景点。

二、活动目标

1. 知识目标

（1）探究齐国的建立、发展、兴盛及衰亡史，寻找齐国名人的足迹，了解齐国的政治、经济、文化、艺术、科技、军事和礼俗。

（2）亲身体验、感悟齐文化留下的大量的人类文明成果。

（3）查找管仲的生平资料，了解“管仲相桓公”的基本史实，分析其与齐国称霸之间的关系。

2. 能力目标

（1）提前查阅资料，明确参观目的和要完成的任务。

（2）提前规划，按部就班地完成任务；能合理安排就餐的时间和地点，照顾好史官。

（3）培养沟通能力，学会倾听，遇事理性分析。

三、活动准备

1. 成员分工

为培养每个学生的使命感，建议给不同的家族成员分配如下的角色：

成员1：形象总监，提醒家族成员按要求着装。

成员2：财务总监，领取活动经费，负责财务管理。

成员3：安全督察，问询、查找路线，协调成员关系，确保家族成员的安全。

成员4：礼仪大使，探究外出参观礼仪，对组内人员进行礼仪培训。

成员5：总指挥，指导、检查家族成员的任务完成情况。

在此之前，学生对齐文化了解不多，各家族要在家族老大的带领下，一起制订参观计划，合作完成参观任务。这不，有个家族对成员分工有了不同意见——

家族老大到史官那里领取活动任务后，就想把任务分下去。

有同学说："凭什么你一个人说了算？我不想干这个！"

老大生气地说："我是老大，你就得听我的！"

不愿服从分配的同学说："老大是为大家服务的，不是来指挥的，家族成员都有发言权。"

其他家族成员开始七嘴八舌地发表自己的看法，整个过程史官没有过多干涉，而是耐心地等待大家的商讨结果。最后大家一致同意，先按照学校的建议分配角色，完成本角色的任务。活动过程中每个人都可以提建议，然后采用民主的方式做决定，最终的决定由家族老大宣布。

2. 前期准备

出发前，各家族要在家族老大的带领下做足相应的准备。

首先，由家族老大提前到史官处领取活动任务，集体商讨后，将任务有序地分配给家族成员，各成员根据自己的任务，查阅资料，进行准备。

其次，财务总监到总指挥处领取全天的活动经费，并计算哪些是必须费用，哪些是可缩减费用，制订出一天的财务分配计划。

最后，明确食宿安排，早晨在宾馆吃早餐，午餐需要各家族自行解决。

四、活动实施

第一阶段：活动准备

各家族按时起床，7:10 前吃完早餐，到集合点集合。史官注意检查学生是否带齐了物品，如果有丢失活动证、帽子等的家族要扣除其相应的活动资金。

要想顺利出行，还得先过这一关——行前问题。这些问题和参观活动息息相关，将齐国的历史和地理紧密联系在一起，有很好的引导作用。

问题研、研、研

1. 齐国为什么称"齐"呢？
2. 根据"战国七雄"的古代地图，在下面的山东地图（图略）上圈出齐国的位置。
3. 齐国的开国君主是谁？齐国是如何灭亡的？
4. 探究齐国繁荣强大及衰落的原因，对此你们是怎样看待的？（文字资料存储）
5. 你是怎样看待稷下学宫的？（文字资料存储）
6. 为什么说淄博是世界足球运动的发源地？

方舟感慨道：“出了这么多题啊！谁要是敢说研学就是出来玩，我第一个不答应。不过，这些问题还挺有意思的。之前让我查资料我还有些不乐意，现在看来，没有白干的活啊！”

第二阶段：任务进行时

去参观时可不能走马观花，到了齐文化博物馆，还有更多挑战等着大家。

活动 1：文字小游戏

看了这么多珍贵器物，你们找到带有以下字的器物了吗？请拍下照片并标音写意！

“釜”音：__________ 成语：__________

意思：______________________________

“戈”音：__________ 成语：__________

意思：______________________________

“豆”音：__________ 意思：____________________

“觚”音：__________ 意思：____________________

“尊”音：__________ 意思：____________________

这几个字是和农业及兵器有关的字，很有意思。认识和学习它们，可以帮助学生从文字意义上理解古代社会，同时，在参观的过程中，将文字与文物相结合，能够达到更好的参观效果。

晓霏说：“这个带金字旁的是什么字？上面是个‘父’。”

方舟说：“我认识！这个字念 fǔ，是古代的一种锅，这是‘釜底抽薪’的‘釜’。”

晓霏道：“你怎么知道这么多？”

方舟得意地说道：“我奶奶家在农村，有烧火的灶，做饭时妈妈给我讲过这个成语，还告诉我这个字是形声字，因为它的读音和上半部分的‘父’很像。下半部分是‘金’，因为锅是用金属做的。”

史官暗暗想到：“没想到孩子们懂这么多，幸好我没有直接告诉他们，否则就剥夺了他们互相交流、彼此请教的机会。”

小龙说：“第三个字不是‘豆’吗？一年级的小学生都认识，老师怎么还出这么简单的题给咱们？”

敬宝说：“是挺奇怪的，除了豆子的意思，你们还知道‘豆’的其他意思吗？”

大家纷纷摇头，一时间安静下来，大家冥思苦想一番也没什么结果。

史官打破了沉默："如果这个问题身边的人都不会，要怎么办呢？"

小龙眼睛一亮："我们带了手机，可以用手机查资料！"

晓霏动作迅速："我查到了，原来'豆'在古代还有容器的意思，汉字真神奇啊！"

在这个文字游戏中，学生不但学到了很多知识，还培养了主动探究学习的兴趣。这样所得的知识对他们来说才是最难忘的，这样的学习方式也是我们一直在追求和探索的。

活动2：文物找找看

除了文字，还有很多珍贵的文物等着大家呢！

这几幅图上的文物在展馆内都能找到，并且和上一个问题有联系，找到这些文物并记录它们的详情，不仅可以锻炼学生的观察能力，还可以帮助他们从文字上理解齐国历史。

在参观、寻找的过程中，不时听到学生们的惊叹声："哇，这是什么？""好神奇！""快记录下来！"通过参观，学生们感受到了祖先无穷的智慧和创造力。

活动3：了解人物

齐国历史上的著名人物，有开国君主姜子牙、称霸一时的齐桓公，还有名相管仲等，在参观的过程中记录这些人物的生平事迹，可以更好地感知齐国历史的变迁。

你知道以下这些人物是谁吗？选取两个感兴趣的人物，探寻他的治国策略或历史小故事。(形成相关文字资料并存储)

晓霏说道：“老师说，历史是由人创造的，所以我们不仅要看物，还要研究人。谁知道这些人物是谁？咱们选两个感兴趣的，探寻其治国策略或历史小故事吧！”

小龙弱弱地问：“我们可以请求导游的帮助吗？”

史官点头：“当然可以，请教他人也是一种很重要的学习方法。”

“耶！”大家一阵欢呼后，便凑在一起商量研究哪两个历史人物。

“我想研究姜子牙！早就听说过周文王和姜子牙的故事，我想深入了解一下！”晓霏默默地说道。

“那我们先去姜子牙的雕塑后面看看文字介绍吧，或许会有所发现。”

学生认真地阅读着石碑上的文字，仿佛时间静止了一般。

这时导游走过来，大家便围成一圈，静静地听导游讲有关姜子牙的神话故事：商纣暴虐，周文王决心推翻暴政。太公姜子牙受师父之命，下界帮助文王，但姜子牙觉得自己半百之龄，又和文王没有交情，很难获得文王的赏识，于是在文王回都的途中，在河边用没有鱼饵的直钩钓鱼。大家都知道，我们钓鱼的鱼钩都是弯的，姜子牙却用直钩，不用鱼饵，钓到了很多鱼。文王看到后觉得他是个奇人，便主动与他交谈，发现他是个有用之才，于是招入帐下。后来姜子牙帮助文王和他的儿子推翻商纣的统治，建立了周朝。

“哇，原来是这样。”学生高兴地蹦起来，“研究历史人物可真是太有意思啦！”

活动4：大家讲故事

历史小故事经过千百年来人们的口口相传，逐渐成为传统文化中非常重要的组成部分。探究手册里列举了一些发生在春秋战国时期关于齐国的小故事，和上一个任务中的历史人物息息相关，是对齐国文化的进一步学习。

> 春秋战国时期，齐国有很多历史小故事，你们找到它们了吗？和家族成员一起讲讲下面的小故事吧！
>
> 姜太公封齐建国　箭射小白　孔子闻韶　田单复齐
>
> 孟姜女哭长城　三令五申　一鼓作气　田忌赛马　围魏救赵
>
> 你还知道哪些小故事？

这个环节是由家族成员讲探究手册上有关齐国的小故事。

晓霏主持："谁先来讲？"

方舟道："我先来讲个'孔子闻韶'的故事吧！孔子是古代的大教育家，他到齐国后，有一次听到了《韶》乐，孔子被《韶》乐打动，竟'三月不知肉味'。"

敬宝说："你知道得可真多啊！"

小龙说："他平时就爱看书，可以称得上学校十大培养目标里的'知识渊博了'。"

方舟挠头："我事先做了功课，查阅了好多资料。"

史官说道："优秀都是有原因的。"

"凡事预则立，不预则废。"不论做什么事，都要做好准备，不然容易失败。优秀的人只不过是比平常人多考虑了一些事情而已！中国优秀传统文化博大精深，源远流长。学习中国传统文化，必须深入地去研究，去探索，不能只停留在表面。

活动5：参观管仲纪念馆

管仲是齐国历史上的重要人物，但学生对他所知不多，可以寻求导游的帮助，来完成任务单。

> 1. 数一数通往管仲墓的台阶有多少级？为什么这样建呢？有什么特殊意义吗？
>
> 2. 在馆内找一找梁启超的《管子评传》，并想办法翻译。

晓霏："没想到台阶还有讲究啊！"

敬宝："我来数数。1，2，3……40，41，42。一共有42级台阶。"

通过询问导游，学生知道了管仲墓北边的台阶有42级，寓意着管仲辅佐齐桓公42年。

小龙惊呼道：“42年？小白不就是齐桓公吗？管仲差点把小白射死，齐桓公还重用他这么多年，管仲究竟有什么样的魅力？”

史官：“在管仲纪念馆好好看看，也许就能够找到答案了。”

方舟：“我们还有一个任务——找到梁启超的《管子评传》，并想办法翻译。”

敬宝：“梁启超？是写《少年中国说》的梁启超吗？”

方舟：“就是他！”

小龙：“没想到梁启超还评价过管仲，真想快点知道他是怎么评价管仲的。”

从管仲纪念馆出来时，学生对管仲饱含着钦佩和震惊，一代强国——齐国的背后离不开管仲的贡献，这是他们之前所不知道的。

活动6：蹴鞠比赛（地点：管仲纪念馆前）

学生的效率很高，按时完成了任务。来到蹴鞠之乡——淄博，不来场蹴鞠比赛岂不遗憾？学生自由组成球队，进行蹴鞠比赛，既可以锻炼身体，又可以了解有关蹴鞠的知识。

第三阶段：总结与交流

1. 家族内分享

各家族可以在午餐、午休期间和返回途中交流今天的所见、所闻、所思、所感，完成今天的游学任务，记录下令自己印象最深的事情，以及自己的思考。

2. 跨家族交流

吃完晚饭，各家族到会议室交流今天的收获及自己的感悟。

3. 情感升华

学生：针对本家族的参观过程及收获，完成游学任务单，写游学日记。

史官：记录学生一天的表现，总结活动经验，反思不足之处。

五、活动评价

史官根据自己的观察，本着客观、公正、公平，以及从小事着眼、多鼓励的原则，对家族一天的表现进行总体点评。

六、学生收获

学生收获一：今天很充实，让我印象深刻的是午餐，因为我们今天吃到了传说中的大肥鹅。虽然等待的时间比较长，但总算不辜负我们的期待啊！“小气”的财务总监今天终于大方了一回，哈哈！在这次活动中我学到了很多知识，对齐国有了更多的了解。

学生收获二：今天我们游览了两个地方，一个是齐文化博物馆，在这里，我学到了很多知识，认识了很多齐国历史上的名人，他们真了不起！一个是管仲纪念馆，以前我都不知道管仲是谁，今天才知道他是齐国名相，齐桓公能够称霸，和管仲的辅佐是分不开的。

学生收获三：一天下来，大家都很累了，这时候我们的财务总监给大家买了雪糕，大家一下子就有了精神。老师说任务提前完成了，可以进行一场蹴鞠比赛。太棒了，我最喜欢体育运动了。不用说，我们一个个神采飞扬的，迅速组队，厮杀开来。我们玩得很开心，把所有的烦恼都抛开了，只有此刻的汗水和激情！

七、教师反思

中华文化博大精深、源远流长。今天，我们来到齐文化博物馆和管仲纪念馆，跟随先贤足迹，一起走进浩如烟海的齐国历史，去探寻文明演进的奥秘。

在齐文化博物馆和管仲纪念馆，学生看到了很多文物展品，有货币、器皿、雕塑、兵器等，结合导游的介绍，我们仿佛穿越到齐国，感受了它的兴衰。在游学过程中，学生认真记录资料，积极完成任务，学到了很多知识。

虽然下午的蹴鞠比赛场地比较简陋，但学生奔跑的热情和爽朗的笑声已经深深地感染了我们。快乐、成长、感悟、进步，愿这几天的美好一直伴随他们。

八、实施建议

1. 注意事项

（1）早餐和晚餐由宾馆提供，午餐需要各家族根据家族资金自行解决。

（2）午餐费用中包含请导游的费用，需要财务总监精打细算。

（3）今日出行由基地统一安排，大巴接送，所以需要家族老大关注每位家族成员，避免漏掉家族成员。

（4）在参观的过程中及时记录，以免过后遗忘。

（5）在蹴鞠比赛中注意人身安全，做到友谊第一、比赛第二。

（6）要有时间观念，按时集合，晚上9:30之前熄灯睡觉。

2. 活动当天时间安排

时间安排	活动内容
07:30	早餐，收拾背包行囊。
08:00	全体学生在酒店大厅集合，各家族领取活动任务，史官交代游学注意事项。
08:15	出发，统一乘坐大巴。
9:00—11:20	参观齐文化博物馆。
11:30	在门口大巴处集合，前往管仲纪念馆。
12:00	在管仲纪念馆附近（景涛生态园）就餐。
12:40	在景涛生态园内参观、游玩、休息。
13:00—15:00	参观管仲纪念馆。
15:00	在管仲纪念馆前进行蹴鞠比赛。
16:00	在管仲纪念馆门口集合，回基地。
16:40	到达宾馆。
16:50	家族内讨论、撰写游记。
18:00	家族晚餐。
18:30	家族总结，查阅明天游学地点的相关信息，并领取明天的家族资金。
21:00	洗漱、睡觉，为明天的游学做准备。

3. 史官职责

（1）带队，注意学生安全，全程跟随。

（2）不能直接告诉学生完成任务的方法，可适当引领。

（3）记录活动全过程，可拍照、录像（自备相机）。

（4）对学生完成任务的过程进行监督，对违反规则的学生进行任务处罚，并及时上报总指挥。

走进聊斋城

一、活动背景

1. 问题生成

“同学们，你们读过《聊斋志异》吗?”

“只读过一点点。”

“我没有。”

“我看过电视。”

……

“那么，你们知道蒲松龄吗?”

“不知道，他是谁啊?”

“我知道，他是《聊斋志异》的作者。”

“关于聊斋城，你们了解多少呢?”

“什么是聊斋城啊?”

“它在哪里啊?”

“那里有什么啊?”

……

初中教材中的《狼》就出自蒲松龄的《聊斋志异》，为了让学生更真实地感受蒲松龄的一生，正确认识蒲松龄及《聊斋志异》的贡献，我们带领学生来到充满梦幻、浪漫、风情的聊斋城，了解其“聊”“异”文化!

2. 地点简介

聊斋城位于山东省淄博市淄川区蒲家庄，是在蒲松龄墓的基础上建设的大型园林式景区，是国家4A级旅游景区，主要景点有聊斋宫、狐仙园、石隐园、柳泉、蒲氏墓园等。

二、活动目标

1. 知识目标

（1）初步了解聊斋城的文化和价值。

（2）进一步了解蒲松龄的一生，用批判性精神重新审视蒲松龄的一生。

（3）欣赏聊斋城的建筑景观。

2. 能力目标

（1）能充分利用网络、书籍等查阅相关资料，提出问题；能自主制订参观路线。

（2）能合理分配人力资源。

（3）培养沟通能力，遇事理性分析，自主解决。

（4）活动结束后，能整理活动记录，进行反思，介绍聊斋城的文化及特色。

三、活动准备

1. 成员分工

培养每个学生的使命感，不同年级的学生担任小组内不同的角色。

一年级学生：形象总监，提醒家族成员按要求着装。

二年级学生：安全督察，问询、查找路线，协调成员关系，确保家族成员的安全。

三年级学生：财务总监，领取活动经费，负责财务管理。

四年级学生：礼仪大使，探究外出参观礼仪，对组内人员进行礼仪培训。

五年级学生：总指挥，指导、审核、检查家族成员的任务完成情况。

2. 前期准备

（1）通过合适的方式获取有关聊斋城的信息。明确参观时的注意事项。

（2）准备物品：纸、笔、照相机、摄像机、水、资金等。

（3）拟定参观重点。

（4）规划到达聊斋城的具体路线。

四、活动实施

第一阶段：参观进行时

保证礼仪和规则随行，出发前各家族学习安全、礼仪、规则等方面的知识，通关后方可出行。

统一坐大巴车到聊斋城，下车后各家族可通过问询或根据游园指向标自行设计游园路线，完成任务。

“哥哥，哥哥，你快来，这里有一个信封。”一年级的学生惊喜地喊道。

“快打开看看里面有什么？”大家都把头凑过来，急切地想知道里面的内容。

“1，2，3，4，5，6，7，是 7 张闯关条，只有闯过前一关才能打开下一张闯关条。”

“快看看第一关是什么？”

第一关：

请找到“写鬼写妖高人一等，刺贪刺虐入骨三分”这句话，并与其拍家族合影。这句话是谁说的？怎样解释呢？

学生没费多大劲儿就找到了，一个个兴奋极了。

“先别忙着激动，让我来看看闯关题目——‘这句话是谁说的？怎样解释呢？’”

“这里有落款，是郭沫若题的字！”大家异口同声地说。

“那这句话是什么意思呢？不如我们请教一下别人吧。”

小龙向一位大学生模样的姐姐鞠了一躬，问道：“姐姐，能帮我们解释一下‘写鬼写妖高人一等，刺贪刺虐入骨三分’这句话吗？我们有点儿不太明白？”

那位姐姐说道：“鲁迅先生曾在《中国小说史略》中说《聊斋志异》是‘专集之最有名者’，郭沫若先生为蒲氏故居题联“写鬼写妖高人一等，刺贪刺虐入木三分”，这是对《聊斋志异》与蒲松龄最高的评价。这句话想表达的意思是写鬼也好，写妖也好，蒲松龄先生都比别人要高一等，讽刺贪婪者、暴虐者都入骨三分。蒲松龄写的虽然是虚幻的鬼怪故事，讽刺和揭露的却是丑恶的现实。有时，人世间甚至比鬼怪的世界还要阴险丑陋。”

“原来是这样呀！”大家茅塞顿开，既为自己能顺利闯过第一关而开心，又为自己学到了知识而骄傲！

第二关：

参观毕家花园——石隐园，了解毕家与蒲松龄之间的关系，以及对蒲松龄一生产生的影响。

毕家花园是以石景为主的私家园林，呈长方形。步入园内，放眼望去，亭台楼榭，树林荫翳，美不胜收。蒲松龄在这里留下了许多名篇佳作，如《逃暑石隐园》《读书石隐园，两餐仍赴旧斋》《冬初过石隐园即景》等。

学生们了解到：西铺村毕家是淄川的名门望族，蒲松龄与毕家有着很深的渊源。蒲松龄在毕家做馆两代，长达 30 年！毕家两代主人毕自严、毕际有都很常识他的文采。毕家不仅有石隐园一类的花园，还有藏书万卷的万卷楼。在石隐园的所见所闻，使蒲松龄积累了丰富的素材；万卷楼的藏书，使蒲松龄有机会读到许多善本、珍本，从而大开眼界。这些都为他创作《聊斋志异》提供了条件。

第三关：

找到“一世无缘附骥尾，三生有幸落孙山”这句话，并与其拍家族合影，这句话怎样理解呢？

“找到了，找到了，就在这里！”

“哇，好高啊！”

“上面写了什么呀？有的字我不会读。”

“老大，这句话是什么意思啊？”

“我也不知道是什么意思。”老大挠挠头不好意思地说道。

“姐姐，请问你知道这句话是什么意思吗？”真是个鬼机灵，见老大不知道，急忙请教旁边的游客姐姐。

游客姐姐摇摇头，表示也不知道是什么意思。

“姐姐也不知道啊，没关系，谢谢姐姐。”

“我们把它抄下来，回去问一问老师，或者上网查一下，不就行了吗？”老三开口说道。

“好主意啊，赶紧记在本子上，我们回去继续探讨。”

这是蒲松龄先生故居门口的一副对联，寥寥十四字，几乎写尽了蒲松龄的一生。这位我们熟知的“鬼狐居士”，这位文采斐然的大文人在科举的道路上屡战屡败，终生未能如愿，真可谓“一世无缘附骥尾”，今生都没有机会中举做官，但也正因如此，大清少了一位庸碌的举子，世上多了一位伟大的作家。正是因为这样不得志、困顿的一生，他才创作出了《聊斋志异》这样具有里程碑意义的作品，从这个角度来看，又岂非三生有幸？

第四关：

石隐园是毕自严家的花园，你们找到了吗？园内建筑精美，怪石林立。你们能找到描写本园景色的诗句吗？家族能尝试创作一首描写这个园林的诗吗？

石隐园可以说是蒲松龄的精神家园，他在这里住了30年，这也是他的另一个家。《聊斋志异》中有不少篇目写于石隐园。在这里，蒲松龄还创作了大量诗作，如《冬初过石隐园即景》《逃暑石隐园》等。

第五关：

在“远心亭”内合影，并完成以下问题：

去探寻雨钱石吧，找到它并和它合影；查阅《聊斋志异》中的《雨钱》故事，并在家族内讲一讲。你们是怎么看待这个故事的呢？把想法写下来。

“这就是雨钱石啊！”

“没什么特别的呀，就是在石头上写了两个字嘛，让我找了这么久。”老四噘着小嘴巴，看起来有点失望。

雨钱石

“它为什么叫雨钱石啊？”

“这个问题还是由我来为大家解答好了。”老大一脸得意地看着学弟学妹们。“相传在很久很久以前，滨州有一个秀才，有一天晚上他正在读书，突然听到敲门声，打开门一看，是一个白发老翁。白发老翁乃一狐仙，因爱慕他的高雅品行而来，秀才察觉白发老翁有点石成金之术，便殷勤款待，说自己生活清苦，请求老翁赏赐金钱。白发老翁念动咒语，突然一声炸雷，寒舍瓦顶开，金钱滚滚而落，但秀才取钱时却发现空空如也，只见院中怪石上嵌着几十枚金钱，便形成了这块雨钱石。现在明白为什么叫雨钱石了吧！”

“这是很多人的白日梦呢！”

君子爱财，取之以道；君子好色，纳之以礼。为人不贪不义之财，不在饭碗外边找饭吃。知止就是合乎礼，知止所当止，安其分而不出其位。正是“能知足者天不能贫，能无求者天不能贱”。自然规律是物极必反，富贵到了顶峰，就开始走下坡路了。所以，第五关，让学生知道了知足常乐，适可而止！

第六关：

完成前面的任务了吗？现在你就可以去往聊斋宫了，那里有惊喜等着你。游玩以后，和大家说说你了解到了哪些故事。

“哇，这里面好神奇啊！”

“原来聊斋宫是这个样子啊！”

“我觉得比电视剧里演得还好看呢！”

“我要拍张照片回去给妈妈看。”

“这里的故事真好听，我要回去讲给奶奶听。”

大家对这里的一切都充满了好奇。

“别光看，也得好好做记录。”老大忍不住提醒大家。

……

在晚上的交流会上，大家七嘴八舌地交流起自己了解到的聊斋故事，印象最深刻的是这样一个小故事：

从前有一个姓宋的秀才，有一天，他生病躺在床上，恍惚中看到一名衙门公差牵着一匹头上有白毛的马，手里拿着官府的文告过来对他说：“请你前去参加考试！”宋秀才说：“主考官还没有到，怎么能突然进行考试呢？”衙门公差也不回答，只是不断地催促他快快动身。宋秀才只好勉强骑上马，跟随他去。

他感到走的路非常陌生，不久，便来到一座城市，如同帝王居住的都城。不多时，他们进入一座衙门，堂上坐着十多个官员，都不知道是些什么人，其中只有关帝爷是认识的。衙门的殿廊下摆着桌、凳各两个。在他之前，有一个秀才已经坐在一端，宋秀才便坐在他旁边。桌子上有笔和纸，很快便有试题送来，展开一看，上面写着八个字：“一人二人，有心无心。”他俩把文章做成后便呈送上去。宋秀才的文章中有这样的话：“有的人故意去做好事，虽然是做了好事，但不应给他奖励；有的人不是故意做坏事，虽然做了坏事，也可以不处罚他。”各位官员在传阅中不住地称赞。

不一会儿，他们把宋秀才召唤到殿堂上去，对他说：“河南那个地方缺一个城隍神，你去担任这个职务很合适。”宋秀才这才醒悟过来，连忙跪下去，一边叩头一边哭着说：“我能得到这样光荣的任命，怎么敢再三推辞呢？但我70多岁的老母，无人奉养。请你们允许在她去世之后，我再听从任命。”堂上一位帝王模样的人立即令人查看他母亲的寿禄。有一位留着胡子的官吏捧着记载人寿禄的册子看了一遍，说道：“她还有九年阳寿。”他们听后犹豫不决，想不出办法，帝王模样的人说：“没有什么关系，不妨先让张秀才代职九年，到了期限，他再去。”于是，堂上人对宋秀才说：“本应该让你立即到任的，今从仁爱孝敬之心考虑，给你九年的假，到了期限还得叫你去。”说完，又对张秀才勉励了几句。二位秀才叩头后走下殿来，张秀才拉着宋秀才的手，一直送到郊外，并介绍说他是长山县张某，还将自己做的诗赠给宋秀才留作纪念。可是，宋秀才把诗忘记了，只记得中间有“有花有酒春常在，无烛无灯夜自明”两句。宋秀才骑上马告辞而去，

当他回到家时，就好像是从梦中醒过来一样。可是这时，他已经死去三

天了。宋秀才的母亲听到棺材里有呻吟声，赶快把他从里面扶出来。过了好半天，宋秀才才能说出话来。他家人派人到长山县去打听，果然有张某这个人，就在这一天死去了。

孝是中华民族的传统美德，是中华民族生生不息的重要精神基因，是中华文化的价值内核之一。任何一个民族的发展都不可能割断历史。孝文化作为中华传统文化的重要组成部分，固然有“不孝有三，无后为大”等需要批判和摒弃的东西，但其积极方面对于我们今天的精神文明建设和社会建设仍具有重要价值。父母对子女的无私之爱，有助于培育子女对父母等亲人的爱，进而外推到对其他社会成员以至民族和祖国的爱。这就是孟子所说的“老吾老以及人之老，幼吾幼以及人之幼”。因此，为父母尽孝是一切教化之本。

第七关：

你能找到这里吗？照一张相同的照片，并在此地合影吧！

“会当凌绝顶，一览众山小”，史官引导学生仔细观察图片，找到此地并合影。

第二阶段：成果交流

1. 家族内分享

各家族成员交流、展示收获，轮流分享“我的参观小故事”；反思自己在参观过程中的不足之处及遇到的问题，讨论解决的办法；比较这次参观活动和以往由家长带我们去参观有什么不同；说一说参观后产生的新问题。

2. 跨家族交流

各家族总结完毕，学校统一组织学生进行活动汇报，各家族通过 PPT、照片、文字等多种形式展示家族成果，汇报本家族记录的方法及参观的方法，相互学习。

五、学生收获

学生收获一：今天我们去了鬼狐仙境，做梦一般，美极了。那里犹如迷宫，我们在里面转来转去，半天才找到想去的地方。在寻找的过程中，我们学会了团结协作，学会了查找路线，很开心。

学生收获二：今天玩得很开心，大家在一起度过了欢乐又短暂的四天，一想到夏令营就要结束了，还真舍不得，因为我们家族似乎在不知不觉中已经融为一个整体了。在这里我收获了友情，希望以后我们还能再相聚！

学生收获三：今天我们的晚餐是自助烧烤，大家生火的生火，切菜的切菜，穿串的穿串，忙得不亦乐乎！在这次活动中，我是家族的财务总监，负责点菜和结算。大家吃得又好又饱，这里有我的一点贡献呢！

六、教师反思

累，并快乐着！

活动结束了，大家难舍难分。回想今天的一切，千言万语汇成一句话——累，并快乐着！

在活动中学生几乎每时每刻都在学习：查阅资料、询问路线、参观记录、收拾东西、搭建帐篷、支炉烧烤、反思总结、交流发言、整理游记……有时候甚至连饭都来不及吃，一个字——累。虽然很累，但伴随我们的，是一路欢声笑语，一路鸟语花香，一路相互扶助，一路点滴成长。

学生由刚开始的单打独斗到后来的集体协作；由开始的拖拉涣散到后来的迅速干练；由开始的丢三落四到后来的井井有条；由开始的消极抱怨到后来的激情满满。一切的改变和进步，都让老师由衷地感到欣慰和感动：为同伴寻找丢失的身份证时，焦急得不亚于当事人；即使赶时间也耐心地排队等候，规则意识已然深植心间；自己搭帐篷，其独立与自信让人感叹。

一天的时间虽然短暂，但这快乐的游学经历已成为我们共同的记忆。难忘一起分享的一块面包，难忘一起睡过的多彩帐篷，难忘一起走过的聊斋小院……愿今天的汗水能使学生更加坚强，愿今天的欢笑能使他们更加阳光，愿他们带着美好的回忆走向明天，走向更加美好的未来！

七、实施建议

1. 注意事项

（1）各家族根据家族资金自行解决午餐。

（2）如果哪个家族有违规现象，该家族停止活动，进行反思。

（3）每个家族有一次求助机会，如有疑问可致电总部。

（4）活动结束后，各家族及时将活动记录下来，活动中的照片、录像等上交质管中心。

（5）活动结束后，及时整理家族币，上交发票。

（6）要有时间观念，按时集合。搭好帐篷，做好野营的轮流值班工作，晚上9:30前熄灯睡觉。

（7）管理好自己的个人物品，注意防盗。

2. 时间安排

游学要点	1. 安全第一，礼仪和规则随行，每日出发前各家族学习安全、礼仪、规则等方面的知识。 2. 随时随地进行小结，说收获，谈经验。 3. 养成边参观边记录的习惯，学会倾听，敢于发问，动手动脑相结合。 4. 顾全大局，团结合作。
时间安排	活动内容
07:30	早餐，收拾背包行囊。
08:00	全体学生到酒店大厅集合，各家族领取任务，史官交代注意事项。
08:30	正式出发，统一乘坐基地提供的大巴。
9:10	游聊斋城。
11:30	家族选择场地准备午餐。
12:00	家族吃午餐。
12:40	支帐篷休息。
14:40	收拾帐篷。
15:00	探秘俚曲创始人，家族学习俚曲。
15:45	准备烧烤食物（学校统一准备食材，家族自助烧烤）。
17:00	晚餐——家族自助烧烤。
19:00	家族总结，户外晚会。
21:30	搭建野营帐篷，熄灯睡觉。

3. 史官职责

（1）带队，注意学生的安全，全程跟踪（包括出发前的礼仪研究、资料查找、家族外出活动计划制订等）。

（2）不能直接告诉学生完成任务的方法，可适当引领。

（3）记录活动全过程，可拍照、录像（自备相机）。

（4）对学生完成任务的过程进行监督，对违反规则的学生进行任务处罚，并及时上报总指挥。

（5）在活动中注重培养学生的综合能力，培养学生的时间观念。

第七章 走近“孔孟”，让学生从传统文化中汲取力量

曲阜研学之颜庙、周公庙、寿丘

一、活动背景

1. 问题生成

我们带着一份虔诚、一份崇拜游颜庙、周公庙、寿丘，在曲阜这座“东方圣城”里寻访圣人的足迹、学习圣人的礼仪，让我们的内心更加柔软，更懂得感恩。

本次活动与以往不同，我们把内容交给学生，让学生根据内容来猜测去参观的地方。

2. 地点简介

颜庙，又称复圣庙，位于山东省曲阜城北门内，陋巷街北首与孔府后花园隔街遥对，是祭祀颜回的祠庙。2001 年，颜庙被国务院公布为第五批全国重点文物保护单位。2006 年 12 月，颜庙被国家文物局列为世界文化遗产“三孔”的扩展项目，进入《中国世界文化遗产预备名单》。

山东省曲阜周公庙，是全国三大周公庙之一，全称文宪王庙，是祭祀周公的庙宇，因封建帝王曾封周公为“元圣”，故又得名元圣庙。

寿丘，位于曲阜城东 4 千米的旧县村东的寿丘，据古史记载，为黄帝诞生地。宋真宗在寿丘建景灵宫祭祀，尊黄帝为始祖，可惜毁于元末，现在这里已辟为公园。

二、活动目标

1. 知识目标

（1）体会颜回居陋巷之乐。

（2）了解周公。

（3）了解轩辕黄帝。

2. 能力目标

（1）提前查阅颜庙、周公庙、寿丘的相关资料，了解相关信息。

（2）能按部就班地完成目标，合理安排就餐时间和地点。

（3）培养沟通能力，遇事理性分析，自主解决。

三、活动准备

1. 成员分工

一年级学生：形象总监，提醒家族内成员按要求着装。

二年级学生：财务总监，领取活动经费，负责财务管理。

三年级学生：安全督察，问询、查找路线，协调成员关系，确保家族成员的安全。

四年级学生：礼仪大使，探究外出参观礼仪，并对组内人员进行礼仪培训。

五年级学生：总指挥，指导、检查家族成员的任务完成情况。

2. 前期准备

（1）查阅颜庙、周公庙、寿丘的相关资料，了解本次活动的主题。

（2）准备物品：换洗的衣服、鞋子、身份证、相关书籍等。

四、活动实施

早上7:00，在火车站集合，取完票后，统一检票进站。

2个多小时后，抵达曲阜，直接入住提前预定好的酒店，学生办理入住手续，吃午餐。

根据老师提供的线索，各家族确定了这次研学的三个目的地：颜庙、周公庙、寿丘。

地点确认后，就准备出发去探访圣人足迹了，因为今天要去三个地方，学生需要找到最快捷的方式。在这之前学生已经尝试过这里的脚踏车、黄包车、马车这些在平时极少接触的交通方式，现在他们第一个想到的就是黄包车，于是决定坐比较快捷的黄包车直奔目的地。

活动一：体会颜回居陋巷之乐

孔子弟子三千，贤者七十二。孔子对颜回赞赏有加：“一箪食，一瓢饮，在陋巷。人不堪其忧，回也不改其乐。贤哉回也!”

颜庙的规模比较小，站在颜庙门口，我们似乎能感受到颜回那简单的快乐。随着历史的变迁，很多文物古迹都已经不存在了，但颜回当年所用的水井留存了下来，看着这口陋巷井，仿佛看到颜回当年在井边打水，在这里过着淳朴简单的生活。

学生在古老的圣钟旁驻足，观察历史在古钟上面留下的痕迹。阅读石碑上的碑文，虽然有的地方看不懂，有些字看不清，但对这些流传了几百年的碑文，学生是怀着崇敬的心去读的，能从中感受到文字的力量、中华文化的力量。

复圣门

这就是颜回的“乐亭”，学生怀着崇敬，在颜庙里感受颜回当年“一箪食，一瓢饮，在陋巷。人不堪其忧，回也不改其乐”的快乐。

活动二：感受“周公吐哺，天下归心”

拜访完颜庙，下一站是周公庙。经过讨论，大家还是选择了以黄包车作为交通工具。这种交通工具在这座小城里是颇为方便的。

周公，西周开国元勋，杰出的政治家、思想家，儒学先驱。周公是孔子最崇敬的古代圣人之一，是中国古代教育的伟大开创者。说起周公，就要说说“周公吐哺，天下归心”这句话。这句话出自一个典故：周公是爱贤之人，为了招揽天下贤才，接待求见之人，有人拜访时，一次沐浴要多次挽起头发，一餐饭要多次吐出口中食物。这个典故可见周公重贤重礼。

懂礼是一个人基本的修养，是人成为君子、有教养的人的标配。

学生坐在周公庙里，拿出资料仔细研究，对儒家文化有了进一步的了解。

周公庙一角

孔子推崇周礼。行周礼是显现自身素质与修养的一种方式，行周礼，能时刻提醒自己要做一个谦谦君子，对人有礼。

在参观周公庙的过程中，很幸运地遇见了一位周氏的七十几代传人，他给学生讲述了周公的生平及其重要的历史典故。从他那里，学生了解到了周公一生的功绩被《尚书大传》概括为“一年救乱，二年克殷，三年践奄，四年建侯卫，五年营成周，六年制礼作乐，七年致政成王”。

活动三：寻根“人文初祖”轩辕黄帝

第三个参观地点是寿丘，是轩辕黄帝的诞生地。

进入寿丘，就看到一块非常高的石碑立在那里，上面没有字，名为“无字碑”。据说因石料庞大，沉重难运，人称“万人愁”，所以这块石碑又名“万人愁碑”。寿丘后面是有“中国金字塔”之称的少昊陵，是黄帝之子——少昊的陵墓。

无字碑

时间过得很快，参观完这三个地方，天已经黑了。参观了历史古迹，感悟了传统文化，大家都觉得不虚此行。

活动四：家族内分享

各家族交流展示收获，分享“我的参观小故事”；反思自己在参观过程中的不足之处及遇到的问题，讨论解决办法；提出参观后产生的新问题。

五、教师反思

我国具有五千多年的文化历史，在悠久的历史发展进程中，不同的历史阶段蕴育出了独具特色的古老文化，并在浩瀚的历史长河中逐渐沉淀下来，形成了具有我国特色的优秀传统文化。沿着先人的足迹，浏览祖国的大好河山，能开阔学生的眼界，提升学生对社会的认知。

六、实施建议

1. 活动当天时间安排

7:00 火车站集合，换票、检票进站。

9:30 到达曲阜，在酒店办理入住，收拾自己的行李。

11:30 在入住酒店吃午餐。

12:20—17:00 参观颜庙、周公庙、寿丘。

18:00 在入住酒店吃晚餐。

2. 史官职责

(1) 安全第一，随时保证学生在自己的视线范围内。

(2) 及时记录，可以拍照记录（自备相机）。

(3) 当学生在活动中遇到困难时，不能直接告诉其解决方法，可适当引导。

(4) 带领学生针对活动进行总结，并对学生进行评价。

(5) 不能提前离开，如确需提前离开，要保证学生后面的活动能正常进行。

(6) 严格把关，对违反规则的学生进行任务惩罚，并及时上报。

3. 学生外出规则

(1) 准备好活动物品。

(2) 清楚地知道目的地和路线。

(3) 懂得外出礼仪。

(4) 准备好外出需要的资料。

4. 安全保障：校医、保障中心

准备物品：急救药箱。

职责：主要负责处理因突发事件引起的学生受伤情况。把学生的生命安全放在首位，如遇突发事件，首先想到的是学生的生命安全，应立即采取措施进行救护。

5. 紧急处理组：后勤保障中心

职责：主要负责活动中的安全、环保教育工作，如遇突发事件进行现场指挥。

曲阜研学之孔庙、孔府、孔林

一、活动背景

1. 问题生成

孔子，名丘，字仲尼，鲁国陬邑（今山东曲阜）人，中国古代思想家、教育家，儒家学派创始人，“大成至圣先师”。其儒家思想对中国和世界都有着深远的影响，其人被联合国教科文组织列为“世界十大文化名人”之首。

我们决定带学生亲临“圣城”曲阜，去拜访孔子，去感悟儒家文化。

2. 地点简介

曲阜，山东省辖县级市，孔子的故乡被誉为“东方圣城”“东方耶路撒冷”。

曲阜古为鲁国国都，文化底蕴厚重，著名景点有孔庙、孔府、孔林、六艺城、石门山国家森林公园等。中国曲阜国际孔子文化节也是曲阜的一个特色。

二、活动目标

1. 知识目标

（1）游览孔庙、孔府、孔林，感悟儒家文化的源远流长。

（2）感受孔子及其弟子严谨而活泼的学习态度、生活态度，懂得尊师重友等基本礼节。

2. 能力目标

（1）通过活动，锻炼自主能力、自理能力、解决问题的能力。

（2）“读万卷书，行万里路，交四方友”，通过游学活动，学知识，练思维，开眼界，增见闻。

（3）培养写作记事的能力，能系统地记录活动的经过。

三、活动准备

1. 成员分工

家族内每个人都有自己的任务，以某一家族为例——

小怡：提醒家族成员按要求着装。

小琪：问询、查找路线。

小璞：领取活动经费，负责财务管理。

小雅：探究外出参观路线，照顾好一年级的学弟学妹；探究外出礼仪，并对家族成员进行礼仪培训。

小顺：家族活动总指挥，指导、审核、检查家族成员的任务完成情况。

小君：统管家族一切事物，掌控大局。

2. 前期准备

在走进孔庙、孔府、孔林之前，我们对这三处景点有了简单的了解，但是了解的并不深入，所以家族需要制订详细的出行计划及参观计划。家族成员在家族老大的带领下做相应的前期准备。首先，熟悉家族成员，以家族为单位制订本次外出规则（包含相应的处理措施）；其次，外出活动离不开活动经费，家族银行给予每人活动经费75元；最后，家族提前查阅资料或咨询他人，了解活动地点。

四、活动实施

第一阶段：活动准备

出发前一天学生一起读了《论语》，初步感悟了《论语》中的思想；看了一些《孔子》视频片段。然后家族以“头脑风暴”的方式，围绕孔子生平、故事、家族、思想、故居等方面制订了研究内容，最后确定以建筑特点为主线进行游学，并编制探究手册。

第二阶段：活动实施

孔　庙

曲阜孔庙又被称为“阙里至圣庙”，是后人为祭祀孔子而修建的祠庙，经历代增修扩建，规模越来越大，成为全国规模最大的孔庙，是中国三大古建筑群之一。其盛名享誉海内外，游人竞相来此寻踪凭吊。

活动一：文字小游戏

早饭后，学生步行来到万仞宫墙，来游览孔庙。

首先，来到孔庙的第一站——金声玉振坊。学生听着导游的解说，好奇心驱使他们不停地打量着这个牌坊。

“我发现了！‘金声玉振’的‘玉’字写错了，那个点应该点在下面！”小怡兴奋地说道。

“原来真的有错别字！”

另一个同学迫不及待地追问道：“这个点为什么点在第二个横的旁边？”

“也可能毛笔字的‘玉’字就是这样写……”小雅率先说出了自己的想法。

细心的学生发现了牌坊上的“错别字”，情绪更加高涨了。

对于这个问题，学生有自己的想法与猜测，最后小君建议大家听听导游是怎么说的。

“要想知道为什么这个点点在这个位置，我们要先了解一下这四个字的意思，‘金声’表示古代演奏音乐时击钟所发出来的声音，‘玉振’表示古代击

金声玉振坊

磬所发出来的声音，古代演奏音乐以击钟开始，击磬结束，这里是说孔子的思想学说自成体系，集古圣先贤之大成，‘玉’字的点点到中间是说音乐的中间部分是最好听的，表示孔子的中庸思想不偏不倚，不左不右，恰到好处。”导游解释说。

“哦，原来是这样，那就是说，这不是一个真正的‘错别字’，而是‘别有用心’啊！”

其他学生也连连点头：“真有意思！”

“好记性不如烂笔头，快把这个字记下来，我们还有探究表要完成呢！”小璞说着拿出探究手册开始记录他们的发现。

序号	错别字	正确写法	故事
1			
2			
3			
4			
5			
6			

接下来参观了“檽星门”。这里的“檽”字就出了问题，三个口下面应该有个“巫”字，由于孔子不信鬼神，所以乾隆写的时候，就把“巫”字去掉了，由此可以看出乾隆很尊敬孔子。

古代传说棂（“欞”的简体字）星为天上文星，是主管文运与考试的星宿。这里以此命名意在表示孔子为天上文星下凡。

小雅说：“我现在知道为什么那些要参加中考、高考的大哥哥、大姐姐，在考试之前会拜孔子了——是希望自己能考上喜欢的学校！”

“有些大哥哥、大姐姐考试用的笔上还写着‘孔庙祈福’。”小雅说道。

学生的兴趣越发浓厚，迫不及待地开始行动起来。他们每找到一处“错别字”，就请导游讲解背后的故事。

活动二：游孔庙，长知识

大成殿是曲阜孔庙的主体建筑，其建筑规模宏大、雄伟壮丽、金碧辉煌，为中国最大的祭孔地。

来到大成殿，学生立刻被眼前这个庄严、大气的建筑所吸引。

“这个殿真雄伟啊！孔子的家真是一个‘豪宅’！”小顺惊奇地说道。

小君说：“这不是孔子居住的地方，这是祭拜孔子的地方！”其他人听后都哈哈大笑起来。

学生顺着导游指的方向看去，真正地体会到了什么叫“勾心斗角”，领略了古代建筑的精雕细琢。

建筑中的“勾心斗角”

院内有一棵挺拔高耸的树吸引了学生的目光，原来这就是孔子讲学的地方。相传这棵树为孔子亲手所栽。学生在这里休息片刻，听导游详细介绍一些关于孔子讲学的故事。

将近中午，大家正准备吃午饭，小雅提出了一个问题：“孔庙为什么被尊称为‘天下第一庙’？”

其他学生纷纷发表了自己的看法：“因为孔子的影响很大，很多人都来祭拜他，拜的人多了自然就出名了，是天下第一了。”

“应该是因为孔庙很大吧！”

“我们先记下来，回去之后查资料解决吧！”

问题与思考

1. 孔庙为什么被尊称为“天下第一庙”？
2. 孔子为什么盛名于古今中外，受到全世界人民的尊重？
3. 孔子的思想为什么历经两千多年而源远流长？

（以上问题形成相关文字资料存储）

我们家族的其他问题

____

____

实践与探究

活动：问题研、研、研

1. 研究孔庙的总平面图，说说孔庙在建造布局上有什么特点？

____

____

2. 孔庙建造布局上的特点说明了什么？

____

3. 孔庙的九进院落分别是指哪九进院落？

____

通过一上午的参观、学习，学生了解到孔庙内建筑的奇特及孔子的深远影响。

孔　府

孔府有“天下第一人家”之称，是孔子嫡系子孙居住的地方，是中国仅次于明清皇帝宫室的最大府第，也是中国封建社会官衙与内宅合一的典型建筑。

活动一：知孔氏兴衰

在参观过程中，学生对孔子有了新的认识，同时也提出了疑问：“孔子家族为什么会如此尊荣无比？”“孔氏后代中的名人还有哪些？”这些问题让学生的探究兴趣更浓了。进入孔府的大门，导游便开始对府内的景点进行讲解，对学生提出的问题一一进行解答。

孔府大门

“孔子家族为什么会如此尊荣无比？”

导游对此做出了解释：“孔子是孔氏家族成为千年望族、儒学世家的缔造者。孔子，名丘，字仲尼，春秋时期鲁国陬邑人，先祖为宋国（今河南商丘）贵族。孔子为春秋末期的思想家、教育家、政治家，儒家学派的创始人。孔子集华夏上古文化之大成，在世时已被誉为‘天纵之圣’‘天之木铎’，是当时社会上博学者之一，被后世统治者尊为‘孔圣人’‘至圣’‘至圣先师’‘万世师表’，被联合国教科文组织评为‘世界十大文化名人’之首。孔子的儒家思想对中国及世界都有着深远的影响。”

“孔氏后代中的名人还有哪些？”

导游介绍说：“孔氏后代中的名人有很多，如孔安国，西汉经学家；孔融，东汉末年文学家，‘建安七子’之一；孔尚任，《桃花扇》作者；孔祥熙，民国时期四大家族之一；孔庆东，北京大学教授……但不可否认的是，孔氏最为著名的人物便是孔子。”

此外，导游还给学生介绍了一些其他知识：“孔子小时候不知道自己的父亲是谁，其父叔梁纥娶其母的时候，已经60多岁了，在孔子3岁的时候，父亲便去世了，之后孔子的母亲便带着孔子远离家乡了。后来孔子的母亲带着孔子去了鲁国曲阜，也就是我们现在常说的山东，当时曲阜是鲁国国都，是整个鲁国政治、经济、文化最发达的地方，素有‘礼乐之邦’的美称，在这里，人们学习礼乐，蔚然成风。”

就这样，学生仔细地观察着每一处标志性的建筑，一边看一边听导游讲解，生怕漏下哪一点。通过参观孔府及导游的讲解，学生不禁感叹孔氏的庞大及孔氏家族的人才辈出，同时也深入地了解了孔氏的兴衰史，真是收获满满！

活动二：寻孔府名胜

了解了孔氏家族，学生在老大的带领下去寻找探究手册上的景点。

“我找到了，太湖石在这儿！快来看！”

孔府二堂的后门，当门矗立着玲珑剔透的太湖石。

“这石头当门放，有什么寓意吗？”爱问问题的小顺最先发问。

太湖石

“这块石头好特别，样子稍微有点儿吓人!”大家都觉得这块石头很特别，但又很疑惑，“为什么在门口放石头呢?”

“是要来者说话开门见山，直截了当。”面对学生满脸的疑惑，导游说出了其寓意。

听完导游的解释，大家明白了为什么石头要放在门口——原来是提醒来人，说话不要拐弯抹角。这对学生也是很好的教育。

“快看!这个图片上的龙在这里!”家族中最小的小怡找到了家族要探究的第二幅图中的景点。

“这只动物长得好奇怪，乍一看像龙，却有4只脚!”

“它是龙和麒麟的结合吧?”

“它的头是龙，身子是马!”

“为什么弄个‘四不像’在这里?”

面对这幅看不懂的图，学生格外好奇。

戒贪图

旁边的解说牌吸引了大家的注意力，学生聚过去。小琪为大家读起上面的解说词来。经了解，这只动物是传说中的贪婪之兽，它拥有众多宝物，却还想去吃太阳，最终葬身大海。衍圣公画此图在此用以提醒自己、家人并告诫子孙为官应当清正廉洁，常怀律己之心，不要贪得无厌。

孔　林

孔林又称“至圣林”，是孔子及其后裔的家族墓地，是我国规模最大、持续年代最长、保存最完整的一处氏族墓葬群和人工园林。林墙全部用灰砖砌成，墙内古木参天、茂林幽深，相传孔子的弟子各以其故乡的树木种植于孔林之内，因而树种极多。据说在这里有一件很神奇的事情，不管葬多少人，总还有空地。并不主张厚葬的孔子生前怎么也不会想到，他简陋的墓园会扩展到占地200多万平方米的庞大规模。

活动：了解《子贡手植楷》石碑

在去孔林的路上，学生分享着自己对孔林的认识。在学生眼中，孔林就是一些坟墓，里面有很多石碑，石碑上刻了一些字。对于其中比较有名的景

子贡手植楷树

点及典故学生并不是很了解。学生穿过至圣林门、二林门，来到孔令贻墓、孔尚任墓，接着到了于氏坊、明墓群，参观了洙水桥、享殿，最后来到了探究手册中让他们找到并了解的《子贡手植楷》石碑前。

“这就是《子贡手植楷》石碑啊！”

“‘子贡手植楷’是什么意思？”小璞说着拿出手机上网搜索这个石碑的来历。

通过搜索学生得知，原来孔子死后，弟子们各自从家乡带来名贵树种，栽植在孔子墓的周围。随着时间的推移，其他弟子所植树木已不见踪迹，唯有子贡所植树木尚存，其原因可能是其他弟子守墓三年离去，唯子贡守墓六年，为纪念其高尚的尊师品德，历代守护人对其所植树木加以保护。子贡手植的楷树曾遭雷火，现仅存一段树桩。

第三阶段：活动总结与交流

各家族参观完孔庙、孔府、孔林后，回到酒店。虽然大家都很累，但是通过学生的笑脸就能看出他们的快乐与收获，学生也表示付出的汗水与收获比起来是值得的。晚上，家族成员交流讨论，有的学生以图片、手抄报的形式向大家展示收获，有的学生通过撰写旅游攻略手册向大家展示收获，还有的学生选择做 PPT、报告、总结等方式向大家展示收获。

五、学生收获

学生收获一：这次游学太有意义了，让我重新认识了孔子的伟大成就，对《论语》有了更深刻的理解。我喜欢这样的游学活动，以后还要参加！

学生收获二：经过参观“三孔”及导游精彩的讲解，我感受颇深，由衷地感到要“读万卷书，行万里路”。同学们也都说今天的收获很大。我们在游学中不仅学到了丰富的知识，还受到了曲阜浓厚文化底蕴的熏陶，真是收获颇丰啊！

六、教师反思

本次家族活动旨在使学生了解中国传统文化，了解儒家思想对我们现在生活的影响。在活动中，家族成员各有任务，各展所长，协作互补。本次活动以教师带领学生到实地调查、体验的方式进行。各家族围绕自己制订的计划进行游学，通过实地采集、上网查询、查阅教材等形式收集有关资料，最后将收集到的资料进行分类整理，讨论探究，最终形成结论或观点。在活动过程中，学生培养了倾听、探究、调查等各种能力。

此外，在活动中，学生的学习方式发生了改变，不是只有“听”的环节，而是“听”“看”“悟”相结合，有了全新的学习体验。

通过这次游学活动，学生的感受变得更加真实，在进行总结的时候，不再是枯燥乏味的文字稿，而是加入了自己的切身体验，并衍生出了自己的一些想法，使这次活动变得更有意义。

七、实施建议

1. 活动当天时间安排

游学要点	1. 安全第一，礼仪和规则随行，每日出发前各家族学习安全、礼仪和规则等方面的知识。 2. 随时随地进行小结，说收获，谈经验。 3. 养成边游边记录的习惯，学会倾听，敢于发问，动手动脑相结合。 4. 顾全大局，合作团结。
时间安排	活动内容
07:30	早餐，收拾外出物品。
08:00	全体学生在酒店大厅集合，领取活动任务，史官交代注意事项。
08:30	按照家族查询好的路线出发。
10:00	在“三孔”建筑群售票口集合。
10:30	自行买票，正式开始游览，先从孔庙开始。
12:00	午餐。
13:00	游览孔府、孔林。
16:30	在孔林出口处集合。
17:30	到达酒店。
18:00	晚餐。
19:00	总结。
19:30	写游记。
21:00	洗漱、睡觉，为明天的游学做准备。

2. 史官职责

（1）安全第一，随时保证学生在自己的视线范围内。

（2）及时记录，可以拍照、录像（自备相机）。

（3）当学生在活动中遇到困难时，不能直接告诉其解决方法，但也不能不理不睬，要适当引导。

（4）带领学生针对活动进行总结，并对学生进行评价。

（5）不能提前离开，如确需提前离开，要保证学生后面的活动能正常进行。

（6）严格把关，对违反规则的学生进行任务处罚，并及时上报。

3. 学生活动规则

（1）准备好活动物品。

（2）清楚地知道目的地和路线。

（3）懂得外出礼仪。

（4）准备好外出所需的资料。

4. 安全保障：校医、保障中心

准备物品：急救药箱。

职责：主要负责处理因突发事件引起的学生受伤情况，如有需要立即报告学校领导、拨打110或120处理。把学生的生命安全放在首位，如遇突发事件，首先想到的是学生的生命安全，应立即采取措施进行救护。

5. 紧急处理组：后勤保障中心

职责：主要负责活动前的安全、环保教育工作，如遇突发事件进行现场指挥。

曲阜研学之孔子六艺城

一、活动背景

1. 问题生成

对于孔子的思想，学生虽然在书本中学过，但理解得并不深刻。如何让孔子的仁义道德深入学生的心里，是一件尤为重要的事情。于是我们组织了这次游学活动，和学生一起亲临“圣城”曲阜去拜访孔子，去感悟儒家文化，学知识，练思维，开眼界，增见闻，进行一次富有教育意义的心灵之旅。

2. 地点简介

孔子六艺城位于山东省曲阜市，是以孔子倡导的六艺“礼、乐、射、御、书、数”为主线，借助仿古建筑、园林、美术等表现形式建造的一座大型文化旅游城。

二、活动目标

1. 知识目标

（1）深入学习儒家文化。

（2）感受孔子及其弟子的学习及生活态度，明孝道，尊师友。

2. 能力目标

（1）培养思考能力。

（2）在活动中，小组合作解决问题，培养合作意识和解决问题的能力。

3. 情感目标

（1）追古思今，感悟国学的博大精深及中华文化的源远流长。

（2）追忆圣贤思想，规范自身的言行，努力做一个品行高尚的人。

三、活动准备

1. 成员分工

为培养学生的使命感，不同年级的学生担任小组内不同的角色。如某一家族安排如下。

老六：负责查找、问询路线。

老五：礼仪大使，查询出行礼仪，对家族成员进行礼仪培训。

老四：财务保管员，负责钱财保管。

老三：会计，负责家族财务分配。

老二：安全员，负责家族成员安全问题。

老大：统管家族一切事物，掌控大局。

2. 前期准备

（1）在游学前两周温习《论语》，感悟《论语》中的儒家思想。

（2）围绕孔子进行主题研究，先在班里讨论，再由各家族自主确定研究主题，可以是孔子的生平、故事、家族、思想等。

（3）讨论游学和旅游的区别，真正理解游学的意义。为每个学生包括教师制作游学名片。

（4）准备好游学所需资料，包括《论语》教材、调查表等。

（5）准备好游学所需物品，包括衣物、药品、相机、笔和本，每个家族仅限携带一台笔记本电脑。

（6）熟悉家族成员，制订本次外出活动规则，进行安全、礼仪、规则等培训。

（7）培养安全意识，学会自我保护，遇到问题想办法解决。

四、活动实施

第一阶段：游学天下，快乐起航

收拾好行囊，离开家庭的庇护，去“圣人”故居拜访孔子，开始游学旅程。

大家上了火车，小雅就和坐在旁边的乘客聊上了，乘客问：“你们外出游学有家长陪同吗？参加的是什么活动？”她有板有眼地做了解释。解释完，她又拿出探究手册，向乘客问询关于孔子的思想、文化。家族成员见状，也纷纷拿出探究手册跟旁边的人交流起来。

“阿姨，您知道我国儒家代表孔子的故事吗？”

“叔叔，您读过《论语》吗？”

“学而时习之，不亦说乎？”“己所不欲，勿施于人。”车厢里时不时冒出来一句。很快就到了曲阜，大家真正踏上了“圣人”的故乡。

第二阶段：游览孔子六艺城

任务：

1. “六艺”包括哪几个方面？“六艺”和我们的学科课程有哪些相似之处？请举例说明。

2. 对于“书”你有哪些理解？你能说出哪些《论语》里的诗句？

3. 研究孔子的出生地、名、字？研究孔子的“六艺”教育，用自己的话说说孔子在各方面的贡献。

4. 孔子的教育思想在我国历史上有哪些贡献？举例说明。

5. 在孔子六艺城的游览中你发现了哪些历史小故事？和家族成员一起分享吧！

来这里之前，学生已经查阅了相关资料，小璞说：“孔子六艺城是以孔子一生崇尚和倡导的‘六艺’为引线，运用现代声、光、电等高科技手段，借助音乐、美术、建筑等表现形式建造的一座集知识性、娱乐性、历史性、趣味性于一体的大型文化旅游地。”

小顺补充道：“这里诠释了孔子‘六艺’，弘扬了孔子优秀的思想文化，孔子六艺城正成为全人类解读孔子、启智明理、寻找东方文明的聚焦之地。”

不知不觉大家来到了六艺城，有学生向导游问道：“阿姨，‘八德’是哪八种美德?”导游给他们详细讲述了“八德”——孝、悌、忠、信、礼、义、廉、耻。

认真听导游讲解

大家一边观看孔子经典语录，一边认真听导游的讲解，只听小璞对小顺说：“我们以后要孝顺父母，尊重兄弟，我经常饭后擦擦嘴就走，从来没有想过要帮忙洗碗，擦桌子，总认为这些事和我没有关系，以后我得改正。”

“我也经常在父母让我去买东西的时候推托，从来没想过父母会伤心。”小琪说道。

“我花钱有点大手大脚，从来没考虑过父母挣钱很辛苦。”小怡不好意思地说道，“以后我一定改正。”

现在的孩子们，在家人的百般呵护下长大，很少会顾及别人的感受，通过对《论语》的学习，大家能有这些认识真的很不错。“己所不欲，勿施于人。”史官说道，“自己不想要的，硬推给他人，不仅会破坏同学间的关系，也会伤害朋友间的友谊。人与人之间的交往是平等的，切勿将己所不欲施于他人!”相信通过这次游学，学生能将熟记于心的“己所不欲，勿施于人”应用到平时的学习与生活中。

第三阶段：活动总结与交流

活动结束，学生聚在一起反思了自己在活动中的收获；说出了自己没有理解的地方，以寻求他人的帮助；分享了自己在遇到问题时是怎样处理的，并分享了自己一天的游学感悟。

“原来在古代也要学习这么多科目，扎实地掌握每一项技能。”

“在平时的学习中，我们要学以致用，要善于将学到的知识运用到我们的学习与生活中。”

“今天的学习，大家受益匪浅。《论语》里面凝结了孔子及其弟子一生的心血，品读《论语》能带给人一种心灵上的宁静，这次游学大家都收获满满。”

五、活动评价

活动结束后，家族成员聚在一起，汇报当天的收获，反思自己的不足，史官本着客观、公正、多表扬、少批评的原则对每个家族成员进行评价。

六、学生收获

学生收获：今天看到了很多关于孔子的碑文，让我们深刻认识到儒家文化的博大精深。我们看见了孔子后代子孙的生活环境，见证了历史的变化，时代的变迁。走了一上午，大家都很累了，可当导游问我们要不要去后花园看看时，我们毅然回答：“要去!”求知的欲望是可以战胜身体的疲惫的。大家在这次活动中不仅学到了历史文化，还锻炼了坚持不懈的精神。

七、教师反思

每个学生都是一个浩瀚的小宇宙，教师需要做的是引爆这个充满无限潜能的小宇宙，让他们的思维“爆炸”。他们不属于任何人，只属于自己，他们有自己的思维方式和行动方式，教师只需要引领他们去体验就行。在今天的活动中，学生踏上圣贤故居，追寻圣人足迹，感受古圣先贤的智慧。读万卷书，行万里路，交四方友。在活动中，学生虽然还有许多做得不够好的地方，但我相信改错的过程就是进步的过程，让他们在体验中不断成长是我们不懈的追求。

八、实施建议

1. 注意事项

（1）礼仪要求

①见人鞠躬问好，离别行再见礼。

②导游讲解时，细心聆听，目视对方，不私下议论。

③提问要有礼貌，不打断别人的话。

④公共场所注意形象，不得大声喧哗，不能随便席地而坐。

（2）活动要求

①不得私自离队。

②不得损坏景区建筑。

③不能随便丢垃圾，捡到垃圾后投放到垃圾桶。

④家族成员相互关心，认真倾听他人意见，尊重他人想法。

2. 活动当天时间安排

7:15	家长送学生到火车站进站口处集合，各史官清点人数。
7:49	乘坐火车出发。
11:00	到达曲阜东站。
12:30	入住宾馆，收拾行李，吃午餐。
15:00	在孔子六艺城门口集合，进入孔子六艺城参观。
18:00	在孔子六艺城门口集合，返回酒店。
19:30	写游记。
21:00	洗漱睡觉，为明天的游学做准备。

3. 史官职责

（1）陪伴者，陪伴学生快乐地度过游学时光，为学生的安全保驾护航。

（2）观察者，关注每个学生，保证学生在自己的视线范围内。

（3）记录者，随时记录学生在活动中的表现，以便当天总结。

（4）摄像师，用镜头记录学生活动中的精彩瞬间。

（5）引导者，随时随地组织学生讨论和总结。

（6）学习者，和学生一起探寻圣人的足迹，在学生完成任务的过程中不提醒、不告诉，保持一个学习者的状态。

4. 安全保障：校医、保障中心

职责：主要负责处理因突发事件引起的学生受伤情况，如有需要立即报告学校领导，或拨打 110 或 120 处理。把学生的生命安全放在首位，如遇突发事件，首先想到学生的生命安全，要立即采取措施进行救护。

5. 后勤保障中心

职责：主要负责活动前的安全、环保教育工作，如遇突发事件进行现场指挥。

邹城研学之孟庙、孟府、孟林

一、活动背景

1. 问题生成

孟子继承了孔子的道统，成为一代儒家宗师。如何让孟子的仁义道德深入学生的心里，是一件尤为重要的事情。“纸上得来终觉浅，绝知此事要躬行。”唯有身临其中，才能学得更多，感悟得更深。为了让学生更深入地了解孟子的生平事迹，学习孟子的思想理论，体悟和传承存心养性的精神，感受优秀传统文化的博大精深，我们决定带领学生亲临孟子的故乡，追寻“亚圣”孟子的足迹。

2. 地点简介

孟庙位于山东省邹城市，为历代祭祀孟子的场所。孟子被后人尊称为“亚圣”，所以孟庙又称为“亚圣庙”。孟庙呈长方形，主要建筑有棂星门、亚圣殿、启圣殿、致严堂等，有碑碣石刻350余块。1988年，孟庙被国务院公布为全国重点文物保护单位。

孟府，也称“亚圣府”，是孟子嫡系后裔居住的宅邸，位于山东省邹城市孟庙西侧，与孟庙仅一路相隔，总面积约2.24万平方米。孟府是国内规模宏大，保存较为完整、较为典型的官衙与内宅合一的古建筑群，以主体建筑“大堂”为界，前为官衙，后为内宅，整体布局大方气派，典雅中透着几分威严。1988年，孟府被国务院公布为全国重点文物保护单位。

孟林又称“亚圣林”，是孟子及其后代子孙的墓地，位于山东省邹城市东北四基山西麓。孟子墓，坟茔高大、草丰林茂。墓前有巨碑一座，上刻“亚圣孟子墓”。

二、活动目标

1. 知识目标

通过参观孟庙、孟府和孟林，了解孟子的生平事迹，理解孟子的主要思想。

2. 能力目标

（1）在参观学习过程中积极思考，深入理解孟子的思想。

（2）培养合作意识及能力。

（3）能系统记录参观与学习的经过。

（4）体会古圣先贤的伟大智慧，并以此来约束和规范自己的行为。

三、活动准备

1. 成员分工

因为本次外出参观学习活动学生的年龄大小不一，为了方便对学生进行管理，同时又能够保证每个学生都能参与进来，我们决定以家族为单位展开活动，让每个学生都能够学有所获。

一年级学生：询问路线和问题。

二年级学生：礼仪大使，负责对家族成员进行外出礼仪培训。

三年级学生：财务保管员，负责钱财保管。

四年级学生：会计，负责家族财务分配。

五年级学生：安全员，负责家族成员的安全。

六年级学生：统管家族一切事物，掌控大局。

2. 前期准备

（1）在游学前两周将《孟子》温习几遍，选一些片段读一读，初步感悟《孟子》的思想。

（2）主题研究。围绕孟子确定研究主题，先在班里集中讨论，再由各家族自行确定研究主题，可以是孟子的生平、故事、家族、思想、故居、饮食、服饰等。收集资料，对孟子有初步的了解。

（3）准备好相关资料。

（4）准备好所需物品，包括衣物、药品、相机、笔和本，每个家族仅限带一台笔记本电脑。

（5）熟悉家族成员，家族老大将本次活动的成员分工强调清楚，以家族为单位制订本次的外出规则，并进行安全、礼仪、规则等方面的培训。

（6）为每个人包括教师制作游学名片。

（7）培养安全意识，学会自我保护，遇到问题想办法解决。

四、活动实施

第一阶段：活动准备

出发之前，学生已经做了充足的准备，如在出发前已经将《孟子》这本书读了几遍，并在家族内分享了自己对书中孟子观点的认识，以及自己还了解了孟子的哪些事情。学生把观点和问题整理在了自己的笔记本中，保证这次研学活动快乐而有意义。

第二阶段：活动实施

游孟庙

一大早，学生便奔向餐厅，第三家族的老大小顺说只有吃饱早饭，才有力气迎接今天的挑战。吃完早饭大家在大厅集合，踏上了前往孟庙的旅途。

在大巴上，小怡、小君的游记被评为优秀游记，她俩声情并茂地为大家朗读，成为大家学习的榜样。由于小琪在前一天的活动中丢了帽子，导致家族资金被扣，于是她勇敢地站起来，说：“我为大家唱首歌，将功补过。”在欢声笑语中大家到达了目的地——邹城市孟庙。

活动一：探究门口的学问

下了车，一股热浪扑面而来，真是烈日炎炎、酷暑阵阵啊！但这挡不住学生游学的脚步，第三家族的财务是个精打细算的人，她很快便数好人数，算好钱数，给家族成员买好了门票。在导游的带领下，开始参观孟庙。

一到门口，学生便被这独特的古建筑风格所吸引，不禁发出感叹：“哇，这可真气派！”

“棂星门。”小璞指着牌子读道，“这有什么含义吗？”导游解释道：“‘棂星’是天上的文星，孟庙第一道大门以‘棂星’命名，意味着孟子是天上的文星下凡。”

学生打开本次研学的第一个任务：棂星门两侧各有一坊，东侧的名为“继往圣”，西侧的名为“开来学”，以此表彰孟子对儒家学说“承先启后，继往开来”的功绩。请问，“继往”与“开来”分别指什么？

“我知道，‘继往开来’的意思就是继承前人的事业，开辟未来的道路。就是说孟子继承并发扬了孔子的思想。”小璞自豪地说道。

导游对小璞的回答给予了肯定。由于学生对孟庙的了解太少了，而庙内殿堂繁多，学生不知从何看起，于是请导游先为大家进行了讲解。导游耐心地为学生讲解，学生认真地听着，时不时拿出纸笔记录。

活动二：参观庙内建筑

学生跟随导游进入孟庙参观，回忆并学习了很多关于孟子的典故，参观了孟庙的主体建筑——亚圣殿，真切地感受到了殿内金碧辉煌、雕梁画栋、重檐飞翘、歇山转角、丹甍碧瓦的恢弘气势。

亚圣殿

不知不觉中，学生来到了孟母殿。《孟母断机》的故事学生已耳熟能详，如今看到孟母断机处，已经抑制不住内心的惊奇与喜悦。

“哇，这块碑上的文字我认识，是‘孟母断机处’。”小琪说道。

“我知道这个典故。”小怡补充道，“你们听听我说的对不对，相传孟子小时候……”

大家你一言我一语说得不亦乐乎。

参观之余，学生打开了第二个任务：孟庙是一处长方形的、具有五进院落的古建筑群。清乾隆皇帝曾在此留下御笔，还写了一副对联来赞扬孟子，这副对联是什么呢？

在导游的指引下，学生来到了题目中所说的地点，导游为学生进行讲解，小小记录员们抓紧时间把它记了下来。

继续参观。学生一边听导游讲解，一边完成探究手册，有的认真观察碑文篆刻，有的模仿起古人作揖致礼……

活动三：认识庙内古树

孟庙古树

孟庙古树是孟庙内的一大奇观。庙内树木多达 430 多株，多为古老的松桧和侧柏，银杏、古槐、紫藤等点缀其间。这些树木，形状别致，如虬如龙，如兽如凤，千奇百怪，姿态各异。学生手持相机或手机，穿梭在树林中，拍下自己喜欢的树木。著名的“古树四奇”：古柏抱槐、藤系银杏、桧寓枸杞和洞槐望月，让学生大开眼界，惊叹不已。

游孟府

参观孟庙让学生非常兴奋，大家怀着激动的心情来到了与孟庙一街之隔的孟府。孟府是孟子嫡系后裔的住处，被称为“亚圣府”。

活动一：门外趣谈

学生首先通过导游的讲解，了解了孟府的概况。

“七篇贻矩”金匾非常有名，学生决定先对它进行了解，而这也正是他们要解决的第一个任务：孟府大堂檐下正中悬挂着“七篇贻矩”金匾，为雍正皇帝手书。“七篇”指《孟子》七篇，你知道是哪七篇吗？雍正皇帝写这块金匾的用意何在？

“七篇贻矩”金匾

博学多才的小君说道：“我知道，《孟子》是儒家经典之一，包括《梁惠王》《公孙丑》《滕文公》《离娄》《万章》《告子》《尽心》七章。来参观之前，我专门查阅了相关资料。”话语刚尽，周围爆发出雷鸣般的掌声。可是对于其用意，学生却不理解。这时候便请导游为大家进行讲解。导游说道：“‘贻’的意思是赠给，‘矩’的意思是规矩，雍正皇帝的用意是，告诫孟家后代要用《孟子》七篇作为言行的准则和行动的规矩。”学生用心记着笔记，并决定回去之后把《孟子》七篇好好读一读。

用心的学生还发现大堂门两侧的廊柱上，还悬挂着隶书金字抱柱楹联，可大家都不懂这副对联的意思，于是，将对联记录下来，准备回去好好研究。

活动二：参观孟氏宗祠

第一个任务顺利解决，马上迎来第二个任务：孟府前后共有七进院落，拥有楼、堂、阁、室 200 间，猜猜哪一个为孟氏宗族家祠（提示：此建筑为三楹硬山式建筑），进去好好研究一下吧！

大家经过商量，决定先到孟氏宗祠好好看一看。于是，在导游的带领下，大家来到孟氏宗族家祠——五代祠。五代祠位于大堂东侧一处独立的小院中，是三楹硬山式建筑，是孟氏宗族家祠。一走进去就会发现祠内悬挂着两副楹联：其一书“溯懿训於三迁二千载踵出哲嗣，荐蒸尝於五世亿万祀礼重宗孙”，道光七年丁亥夏五月，箫山汤金钊书。其二书“德借七篇极之昂元云仍元承世泽，祠分五代序仇高曾祖称近荑馨香”，古舒、姚元之拜书。祠内安放近代孟氏世袭翰林院五经博士五代之木牌位，再上则迁放到孟庙“祧主祠”内。学生在祠内参观，并用心记下笔记。

不知不觉，午饭时间到了，可大家意犹未尽，依依不舍地离开了这里，奔向餐厅。

活动三：餐桌趣谈

吃完午饭后，学生还不想休息，史官便提议交流一下上午的参观收获。

“这是个好主意！今天上午的参观真的让我耳目一新，我觉得古人真的太有智慧，太有才华了。每一处景观都让我震撼。”小顺说道。

“是啊，今天上午学到很多东西，我越来越敬佩孟子了。”小君说道。

“比起课本上的死知识，我觉得身临其境地参观让我的感触更深，我喜欢这种学习方式。”小璞说道。

看来大家对这次孟府之旅非常满意！

游孟林

大家一起来到孟林，参观了孟子墓，瞻仰了这位伟大的教育家。

活动一：探究孟林的由来

孟林就是孟子及其后裔的墓地。来这儿之前，大家都认为这里只是一片长着各种树木的树林。当学生走入孟林之后才知道，这是孟子及其后裔的墓地。

“为什么叫孟林呢？为什么不叫孟墓，或者孟陵？”“好奇大师”小璞挠了挠头，他问出了很多小伙伴的心声。

导游为大家进行了讲解：“在古代，因墓主人的身份不同，墓地的称谓也是不同的。帝王的墓地称为‘陵’，圣人的墓地称为‘林’，王侯将相的墓地称为‘冢’，平民百姓的墓地称为‘茔’。”

“原来如此！据说孟林内有柏树、榆树、槐树、枫树等各类树木一万多株，现在看来果真如此。”小璞笑着说。

“孟林的神道长 1.5 千米，神道两旁有两行高大古老的杨树，杨树外面是柏树。神道中段有一条小溪，溪上架有一座拱形弹孔石桥，桥的名字叫御桥。桥左边立有一块石碑，碑上刻着‘亚圣林’三个大字，为欧阳中石先生所书。过桥往北有 500 米长的石砌甬道直通享殿大门。享殿之后为孟子墓。林内部分的珍贵碑刻现已移入享殿内保存，其中《新建孟子庙记》碑是北宋儒学泰山学派的著名人物孙复撰书，距今已有900多年的历史。”导游在带领学生参观的过程中一一为他们讲解着。

活动二：品读《孟子》，体悟精髓

找一处合适的位置，在孟子的故居品读《孟子》，这是学生最后一个任务。于是，参观后，学生找到一处幽静之地，席地而坐，取出随身携带的《孟子》，开启了最后一段旅程——心灵之旅，品读《孟子》。

学生围在一起，轮流朗读，谈感悟……

一天的行程结束了，学生踏上了回家的旅途……

“周公没，圣人之道不行；孟轲死，圣人之学不传。道不行，百世无善治；学不传，千载无真儒。”相信经过这次“三孟”之旅，学生已将孟子的精神深深埋在心里，并会以实际行动去践行。

第三阶段：总结与交流

1. 家族内总结交流

家族成员通过对“三孟”的参观，了解了许多关于孟子的知识，并对《孟子》这本书又进行了深入的解读。学生将自己的笔记进行整理，以自己喜欢的方式在家族内汇报收获。有的学生把自己参观时拍摄的照片及文字记录做成PPT，为大家进行展示；有的学生则直接以演讲的方式向大家分享自己的收获与感悟。

2. 家族间总结交流

这次研学，不同的家族参观了不同的地方，了解了不同的圣人。不同的家族聚在一起，互相分享不同的经典文化带来的感受。

五、活动评价

家族成员在史官的指导下将完成的活动任务进行整理。史官本着客观、公正、多表扬、少批评的原则，对每个家族成员进行评价。

各家族总结完毕，学校统一组织学生进行活动反思与交流。评委老师结合各家族的汇报给其打分，并评出一、二、三等奖，发放家族币作为奖励。

六、学生收获

学生收获一：今天大家一起进入孟庙，瞻仰了这位弘扬儒家思想的伟大人物。虽然很热，可大家依然兴致勃勃，坚持走进孟庙的每一个房间，争取多了解关于孟子的典故。在参观过程中，我们不仅了解了孟子的各种事迹，还认识了一位伟大的母亲——孟母，这让我认识到学习是一生的事情，不能因为累了，或者学会了一点儿就骄傲，就放弃努力。

学生收获二：孟府真是太大了，各种建筑让我大开眼界。这里充满着古典文化气息，在这里，我学到了很多关于孟子的典故，以前都不想看的枯燥内容，现在却迫不及待地想要去了解和探索。我一定要多读书，更深入地了解孟子的事迹和思想，了解这位伟大的圣人。

七、教师反思

中华文化博大精深、源远流长。孟子被世人尊称为“亚圣”，他对儒家文化既有传承又有革新。带领学生参观孟子故乡，深入了解孟子的事迹，能让学生更好地受到中华经典文化的熏陶，开阔眼界。出发之前，学生已经做好了充分准备，他们以家族为单位通过上网查阅资料、询问他人等方式了解相关知识。在参观孟庙、孟府和孟林的过程中，学生对院内的景物充满了好奇与探索欲，他们认真参观，认真倾听，认真记录，小组协作，积极完成探究手册，这积极、认真、热情的状态是我在课堂上没有见过的。在分享收获时，每个学生都能侃侃而谈，说自己的参观感受和收获，看得出，他们收获满满。相信通过这次活动，学生都能对经典有更深入的理解，对自身的行为也能形成良好的约束。

八、实施建议

1. 活动当天时间安排

07:30	早餐，收拾行李。
08:00	全体学生在酒店大厅集合，各家族领取任务，史官交代注意事项，整队出发。
09:30	各家族在“三孟”景区售票口集合，买票进入景区。
12:00	在“三孟”景区附近就餐。
13:30	继续游览。
15:00	在“三孟”景区选一处地方，一起诵读《孟子》。
16:30	在“三孟”景区出口处集合。
17:38	在火车站集合。
19:02	家长在潍坊火车站出站口接孩子。

2. 史官职责

（1）陪伴者，陪伴学生快乐地度过游学时光，为学生的安全保驾护航，将安全放在首位。

（2）观察者，保证所有学生在自己视线范围内，关注、关心每个学生的状态。

（3）记录者，随时关注学生的表现，并记录下来，以便当天总结。

（4）摄像师，用镜头记录学生每一天的精彩瞬间，当天收集并整理。

（5）引导者，随时随地组织学生讨论和总结。

（6）学习者，和学生一起去探寻圣人的足迹，在学生完成任务的过程中，不提醒、不告诉，始终保持学习的心态。

3. 学生外出规则

（1）服从规则，不得擅自离开队伍。

（2）准备好外出的物品，包括生活物品和学习物品等。

（3）外出要懂礼仪，有礼貌。

4. 安全保障：校医、保障中心

职责：主要负责处理因突发事件引起的学生受伤情况，如有需要立即报告学校领导，或拨打 110 或 120 处理。把学生的生命安全放在首位，如遇突发事件，首先想到的是学生的生命安全，应立即采取措施进行救护。

5. 后勤保障中心

职责：主要负责活动前的安全、环保教育工作，如遇突发事件进行现场指挥。